CHAMPIGNONS

Éditrice: Beatrice Vincenzini
Directeur exécutif: David Shannon
Directrice de la rédaction: Alexandra Black
Directeur artistique: David Mackintosh
Coordinatrice du projet: Francesca Pisani

Conception graphique: Pentrix Design
Reproduction-couleurs: Global Colour
Infographie: Christiane Séguin
Traduction française: Michel Chevrier
Révision: Andrée Laprise

Données de catalogage avant publication (Canada)
Vedette principale au titre :
Champignons: des recettes innovatrices aux champignons proposées par des chefs réputés
Traduction de : *Mushrooms*.
Comprend un index
ISBN 2-89455-074-X
1. Cuisine (Champignons). 2. Champignons comestibles. I. Irvine, Sian. II. Vincenzini, Beatrice.
TX804.M8614 1999   641.6'58   C99-940873-9

L'éditeur remercie le ministère du Patrimoine canadien, la SODEC et le Conseil des Arts du Canada
pour leur appui.

Une création de Co & Bear Productions (UK) Ltd.
Copyright © 1998 Co & Bear Productions (UK) Ltd.
Copyright des photos © 1998 Sian Irvine
© pour l'édition en langue française Guy Saint-Jean Éditeur 1999
Publié originalement au Royaume-Uni en 1998 sous le titre *Mushrooms* par Scriptum Editions
Dépôt légal 4e trimestre 1999
Bibliothèques nationales du Québec et du Canada
ISBN 2-89455-074-X

DISTRIBUTION ET DIFFUSION
AMÉRIQUE
Prologue inc., 1650, boul. Lionel-Bertrand (Québec) Canada J7H 1N7. (450) 434-0306
FRANCE (Distribution)
Société nouvelle Distique S.A., 5, rue du Maréchal Leclerc, 28600 Luisant, France. (02) 37.30.57.00
FRANCE (Diffusion)
C.E.D. Diffusion, 73, Quai Auguste Deshaies, 94200 Ivry/Seine, France. (01) 46.58.38.40
BELGIQUE
Diffusion Vander s.a., 321 Avenue des Volontaires, B-1150 Bruxelles, Belgique. (2) 762.98.04
SUISSE
Transat s.a., Rte des Jeunes, 4 ter, Case postale 125, 1211 Genève 26, Suisse. 342.77.40

GUY SAINT-JEAN ÉDITEUR INC.
674, Place-Publique, Bureau 200B, Laval (Québec) Canada H7X 1G1. (450) 689-6402
GUY SAINT-JEAN ÉDITEUR – FRANCE
83, Avenue André Morizet, 92100 Boulogne, FRANCE. (1) 55.60.08.28

Imprimé et relié en Italie

DES RECETTES INNOVATRICES
AUX CHAMPIGNONS PROPOSÉES
PAR DES CHEFS RÉPUTÉS

CHAMPIGNONS

PHOTOGRAPHIES DE
SIAN IRVINE

TRADUIT DE L'ANGLAIS PAR
MICHEL CHEVRIER

Guy Saint-Jean
ÉDITEUR

SOMMAIRE

Prologue **6**

recettes d'orient 14

recettes d'occident 60

fusion 114

glossaire 152

collaborateurs 154

index 158

Les champignons: de l'Orient à l'Occident et au-delà

Ci-dessus: Le portobello, le champignon cultivé le plus populaire.
Page suivante: Des milliers d'espèces de champignons poussent dans les forêts du monde, mais la plupart d'entre nous n'en connaissons bien qu'un petit nombre.

Une marche en forêt dans l'air frais du matin, des parfums, des arômes qui montent du sol humide, le bruit des feuilles qui craquent sous les pas, ce sont là les plaisirs de l'automne. Mais aucun ne peut égaler celui, délicieux dans tous les sens du mot, de la chasse aux champignons sauvages.

Autrefois, la seule façon de trouver des champignons, c'était d'en cueillir soi-même. Aujourd'hui, il suffit de se rendre dans un supermarché ou une épicerie pour trouver des pleurotes, des shiitakes ou même des cèpes. L'attrait contemporain pour les saveurs complexes et recherchées, sans parler de la nature par essence fugace des champignons comestibles, leur accorde une place d'honneur sur les tables des plus grands restaurants du monde.

Comme ce recueil de recettes le montre, il y a peu d'aliments naturels aussi polyvalents ni aussi populaires que les champignons. Chaque année, des centaines de millions de tonnes de champignons de couche sont cultivés aux États-Unis seulement. D'abord originaires de l'Extrême-Orient, on peut aujourd'hui trouver des shiitakes et des énokis dans toutes les grandes villes du monde.

Malgré le succès de la culture de quelques espèces, beaucoup d'autres – comme la chanterelle ou la fameuse truffe – se sont jusqu'ici montrées rebelles à tout apprivoisement et l'on doit toujours les «chasser» dans les forêts d'Italie ou de France. Si vous décidez de partir en cueillette, sachez que parmi les 5000 espèces de champignons sauvages d'Europe comme d'Amérique du Nord, une trentaine seulement des 1200 espèces comestibles ont une valeur gastronomique.

Pour finir, quelques trucs culinaires. Achetés frais, et même gardés au froid, les champignons doivent être utilisés dans les deux jours suivant l'achat. Comme la plupart des champignons sont composés de 90% d'eau, il faut éviter d'en diluer le goût en les lavant; il est toujours préférable de les brosser délicatement pour les nettoyer. Les champignons séchés qui ont une saveur plus concentrée doivent être mis à tremper avant d'être utilisés et ce, toujours en petites quantités. *Simon Richmond*

Chanterelle (ou Girolle)

Connue aussi sous le nom de girolle, la chanterelle (*Cantharellus cibarius*) est un champignon de couleur de miel doré, même si on en trouve aussi des variétes exotiques blanches, noires ou même bleues. Ce champignon croît dans les mousses des forêts humides de la mi-été jusque tard en automne, au moment où ils sont difficiles à repérer parmi les feuilles tombées. Il a une texture légèrement caoutchouteuse et une saveur parfois comparée à celle de l'abricot avec des «notes» de noisettes et de poivre quand le champignon est goûté cru. Cuite, la chanterelle accompagne à merveille les plats aux œufs aussi bien que les soupes et les ragoûts.

Champignon de couche, dit de Paris (ou Psalliote des prés)

Ce sont les Français qui, les premiers, au XVIIe siècle, ont cultivé le champignon de couche (*Agaricus campestris*) dans des caves près de Paris, d'où le nom courant du champignon dit de Paris. Maintenant l'espèce la plus universellement connue, on la trouve sous différentes formes

dans les épiceries, particulièrement sous celle de boutons de champignon au goût champêtre mais fin. Ils sont à leur meilleur dans les sauces, tranchés crus dans les salades ou marinés entiers. Les variétés plus grosses, par exemple le champignon de couche brun, ont une saveur plus prononcée et une texture de viande. Ils sont excellents farcis, grillés ou frits.

Énoki

L'énoki, cultivé maintenant aussi bien au Japon qu'aux États-Unis, est un champignon tout blanc au

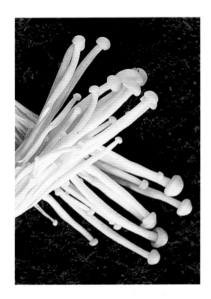

long pied filiforme surmonté d'un petit chapeau dont on se sert souvent pour garnir les soupes. Son goût fin et sa chair ferme et de texture croquante en font un champignon à servir cru dans les salades.

Morille

De la même famille botanique que les truffes, les morilles (*Morchella esculenta*, *elata* et *conica*) se reconnaissent tout de suite à leurs chapeaux coniques spongieux, même si les spécimens varient beaucoup de taille. Par temps doux, la morille croît en mai et juin dans les sols sablonneux-crayeux, les sous-bois et les champs. La chair, dont la couleur varie du brun pâle au noir, est croquante avec un goût de noix ou même de bacon. Toutefois, c'est surtout sa texture alvéolée, qui absorbe à merveille les sauces, qui fait sa réputation auprès de tous les grands chefs. C'est un champignon qu'on ne doit jamais manger cru et qui supporte fort bien la lyophilisation.

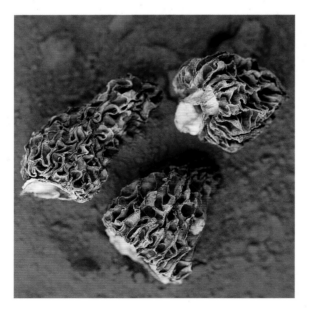

Mousseron (ou Marasme d'Oréade)

Poussant en grand nombre en ronds-de-sorcière, le mousseron, ou marasme d'Oréade (*Marasmius oreades*), a un long pied surmonté d'un chapeau couleur chamois qui ressemble à une petite soucoupe volante. En saison de la mi-été jusqu'en automne, la chair de ce champignon est blanche et dégage un arôme d'herbe séchée. Les marasmes sont délicieux cuits avec des œufs de ferme ou lentement mijotés en ragoût avec du porc ou de l'agneau.

Pleurote en forme d'huître

Facilement disponible depuis qu'il est cultivé, le pleurote en forme d'huître (*Pleurotus ostreatus*) est appelé ainsi en raison de sa couleur blanchâtre et de la forme d'éventail de son chapeau. À l'état sauvage, ce champignon croît en groupes sur les arbres en décomposition, surtout les hêtres et les peupliers, du début de l'été jusque tard en automne. Encore tendre et blanche, la chair du pleurote possède un goût délicat dont on se sert pour relever les soupes et les sauces.

Le Cèpe (ou porcini)

Considéré par certains comme le meilleur de tous les champignons sauvages, le cèpe (*Boletus edulis*) aux formes arrondies est aussi connu sous le nom de porcini. Le nom italien du champignon signifie «petits cochons», même si on en a trouvé des spécimens pesant jusqu'à 500 g. Croissant dans les clairières et les bois de conifères du début de l'été jusqu'à la mi-automne, le cèpe possède un chapeau de couleur marron et sa chair est épaisse, blanche, savoureuse et parfumée. Les jeunes cèpes sont à leur meilleur servis crus et tranchés dans les salades ou grillés. Les sujets plus vieux sont utilisés dans les ragoûts et les sauces. Le cèpe est aussi un champignon facile à sécher et sa saveur relève alors avec bonheur celle de plats qui contiennent des champignons cultivés de saveur plus douce.

Portobello

Le portobello, appelé aussi crémino quand il est encore jeune,

est un triomphe du marketing. En fait, le portobello n'est qu'une variété du champignon de couche affublée d'un joli nom italien. Il a toutefois plus de goût et une texture plus ferme et son grand chapeau plat aux lamelles brun foncé en fait un champignon excellent à consommer entier, grillé ou sauté.

Shiitake

Cultivé au Japon depuis des siècles, le shiitake (*Lentinula elodes*) est un des champignons orientaux les mieux connus. Son nom japonais signifie «champignon du chêne», car c'est sur cet arbre qu'il croît à l'année longue. Avec son chapeau large et plat de couleur beige et sa chair blanche et ferme, le shiitake est un champignon très polyvalent qui se prête à toutes les cuisines du

monde. Les variétés séchées, dont une chinoise qui ressemble à des boutons d'ébène, ont une saveur plus «fumée» que celle assez terreuse du shiitake frais.

Trompette-de-la-mort

Connue aussi sous les noms de craterelle et de corne-d'abondance, la trompette-de-la-mort (*Craterellus cornucopiodes*) est une variété de champignon de couleur brunâtre à noirâtre qui croît souvent en grand nombre

dans le voisinage des hêtres. Malgré son nom sinistre, ce champignon, qu'on trouve de la fin de l'été jusque tard en automne, est comestible et peut à la rigueur remplacer les truffes dans certaines recettes. En cuisant, sa chair mince noircit et donne ainsi, sinon beaucoup de saveur, du moins une couleur spéciale aux plats. Sautée ou mijotée dans les soupes et les ragoûts, la trompette-de-la-mort accompagne bien les poissons blancs.

Le lépiste nu (Wood blewitt)

Le lépiste nu (wood blewitt) est un proche parent du très coûteux champignon matsutake considéré comme un mets très fin au Japon. Ce champignon croît en Europe dans les pinèdes de la fin de l'été jusqu'en automne, et sa saveur est plus douce que celle au fort goût de viande du matsutake. Le lépiste

doit toujours être cuit, grillé, cuit au four ou en ragoût. Il accompagne bien le riz, les œufs et la sauce soya. Un équivalent nord-américain de ce champignon pourrait être le tricholome équestre ou, à la rigueur, le polypore des brebis.

orient

• Sukha Masala aux pleurotes *17*

• Salade d'asperges, d'énokis et de piments *18*

• Maki-Zushi végétarien aux champignons, avocat et marinade *20*

• Zasai Gohan *23*

• Filets de poulet et champignons chinois frits à la sauce sichuanaise *25*

• Énokis au gingembre, à l'ail et aux piments *26*

• Yasai Chilli Men *29*

• Champignons à la mandchourienne *33*

• Poulet au gingembre et au lemongrass rôti avec nouilles Cha-Soba *34*

• Pleurotes à la sauce aux fèves noires *36*

• Champignons et gingembre frits *39*

• Tataki de thon aux ciboules et salade de champignons *40*

• Champignons à la sauce à l'ail *43*

• Nouilles frites et légumes verts chinois aux fèves noires et aux shiitakes *45*

• Légumes verts chinois aux shiitakes et à la sauce aux fèves noires *46*

• Curry malaisien aux champignons *49*

• Rouleaux de pleurotes et de shiitakes *50*

• Boutons de champignons croquants au poivre noir, sel et piments *52*

• Moyashi Soba *55*

• Tom Kha Hed *56*

• Sashimi de thon et salade de shiitakes *59*

Sukha Masala
aux pleurotes

PRÉPARATION

1 *Chauffer l'huile dans un wok ou dans une grande poêle jusqu'à ce qu'elle commence à fumer.*

2 *Ajouter les graines de moutarde et les faire sauter 30 secondes ou jusqu'à ce qu'elles cessent de grésiller.*

3 *Ajouter les feuilles de curry, le cumin, l'ail et le piment vert, les faire sauter 1 minute puis les saupoudrer d'asa fœtida.*

4 *Dès que l'ail commence à dorer, réduire le feu et incorporer le curcuma et la poudre de chili. Mélanger le tout 30 secondes, puis ajouter les tomates.*

5 *Augmenter la chaleur et faire sauter les tomates jusqu'à ce qu'elles commencent à se peler, mais tout en restant fermes.*

6 *Augmenter encore la chaleur, puis ajouter les champignons, un peu de jus de lime, le sel et la coriandre et mélanger délicatement.*

7 *Cuire le tout pendant 2 à 3 minutes environ, en le retournant souvent, pour l'empêcher de coller à la poêle et tout en s'assurant que les champignons sont bien enrobés. Vérifier les assaisonnements avant de servir.*

Pour servir: servir avec du riz blanc cuit à la vapeur ou du riz frit.

Ingrédients

*pour 2 personnes
(avec du riz)*

2 c. à soupe d'huile végétale

3/4 de c. à thé de graines de moutarde

10-12 feuilles de curry*

1 c. à thé de graines de cumin

4-5 gousses d'ail finement hachées

3 piments verts épépinés et tranchés

2 pincées d'asa fœtida*

1/2 c. à thé de poudre de chili

1/4 de c. à thé de curcuma

2 tomates moyennes coupées en quartiers

200 g (7 oz) de pleurotes

1 lime (le jus)

Sel au goût

1 c. à soupe de feuilles de coriandre fraîches

Note: Vous pouvez préparer les ingrédients d'avance et ne commencer à préparer le plat que 10 minutes avant de le servir.

* *Voir glossaire, p. 152-153.*

Salade d'asperges, d'énokis et de piments

Ingrédients

entrée pour 4 personnes

12 pointes d'asperges parées

300 g (11 oz) de feuilles
à salade mêlées

4 avocats coupés en quartiers
puis tranchés

100 g (4 oz) de champignons
énoki

4 tiges de ciboulette coupées
en morceaux

Sauce hollandaise au chili

2 jaunes d'œuf

1 c. à thé de purée de piments

50 g (2 oz) de beurre ramolli

1 pincée de sel

1/2 c. à thé de jus de lime

Vinaigrette

1 c. à soupe de sauce soya

1 c. à soupe de jus de truffe*

1 c. à soupe de jus de citron

Sel et poivre

5 c. à soupe d'huile d'olive

* Voir glossaire, p. 152-153.

PRÉPARATION

1 *Préparer la sauce hollandaise à l'avance. Battre les jaunes d'œuf et la purée de piments dans un bain-marie jusqu'à ce qu'ils épaississent. Incorporer le beurre ramolli puis assaisonner avec le sel et le jus de lime.*

2 *Mélanger les ingrédients de la vinaigrette dans un bol, sauf l'huile. Verser l'huile en filet tout en battant la vinaigrette.*

3 *Réserver la sauce hollandaise et la vinaigrette et blanchir les asperges. Amener une casserole d'eau à ébullition puis y mettre les asperges. Ramener l'eau à ébullition, cuire les asperges 2 à 3 minutes puis les assécher.*

4 *Disposer les feuilles de salade sur chaque assiette. Les arroser de vinaigrette. Disposer l'avocat, les énokis et les asperges par-dessus.*

Pour servir: Couvrir les asperges d'une cuillerée de sauce hollandaise, garnir de ciboulette et servir.

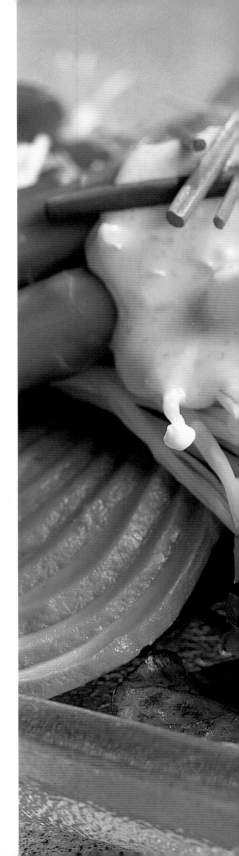

Maki-Zushi
végétarien
aux champignons,
avocat et marinade

PRÉPARATION

1   *Préparer le riz sushi à l'avance. Laver le riz à l'eau froide courante pour en éliminer le plus de fécule possible. Mettre le riz, le konbu et le saké dans une casserole avec 350 ml (1 1/2 t.) d'eau froide. Bien couvrir et amener à ébullition.*

2   *Retirer le konbu du riz et couvrir de nouveau. Réduire le feu et mijoter pendant 15 minutes, retirer la casserole du feu et, en la laissant couverte, laisser cuire le riz dans sa vapeur pendant 10-15 minutes de plus.*

3   *Mettre le riz dans un bol à l'aide d'une cuiller de bois. Mélanger à part le sucre et le sel avec le vinaigre puis les incorporer rapidement au riz. Couvrir le bol avec un linge humide et laisser refroidir le riz pendant 15 minutes environ.*

4   *Entre-temps, chauffer l'huile végétale à feu moyen dans un wok, puis y frire les champignons 3 minutes en les retournant souvent. Réserver.*

5   *Étendre une demi-feuille de nori sur la natte à rouleaux sushi (la face lisse de l'algue placée à l'envers). Se mouiller les doigts dans de l'eau froide puis étendre également le riz sur l'algue en laissant une marge de la largeur d'un doigt à la base de la feuille.*

6 Retourner délicatement la feuille de nori de manière à ce que le riz humide soit placé directement sur la natte. En utilisant le dos d'une cuiller, badigeonner le milieu de la feuille nori d'une trace de wasabi. Étendre ensuite un quart de la préparation – champignons, épinards, daikon, carotte et avocat – sur le wasabi. Rouler ensuite la natte de manière à ramener la feuille de nori et le riz par-dessus la farce aux légumes. Rouler la natte serré en s'assurant que tous les ingrédients demeurent à l'intérieur.

7 Dérouler la natte pour en libérer le rouleau sushi. Répéter l'opération 3 fois avec le reste des ingrédients.

8 Une fois que les 4 rouleaux sont prêts, les rouler dans la ciboulette et le cresson hachés. Passer un couteau bien tranchant à l'eau puis couper chaque rouleau en 8 parties égales.

Pour servir: Disposer plusieurs morceaux de sushi dans chaque assiette et servir avec le gingembre mariné dans un petit plat, la sauce soya dans un autre et un peu de wasabi dans un troisième. La façon traditionnelle de manger le sushi consiste à dissoudre d'abord un tout petit morceau de wasabi dans la sauce soya puis d'y tremper le sushi juste avant de le manger.

Ingrédients

pour 6 à 8 personnes

Riz

300 g (11 oz) de riz sushi à grain court

Un morceau d'algue konbu* de 8 cm (3 pouces) de longueur

1 c. à soupe de saké ou de vin blanc sec

1 c. à soupe de sucre en poudre

1 c. à thé de sel

1 1/2 c. à soupe de vinaigre de riz

Sushi

1 c. à soupe d'huile végétale

100 g (4 oz) de shiitakes et d'énokis en mélange et hachés

4 feuilles d'algue nori* coupées en deux

1 c. à thé de wasabi*

50 g (2 oz) d'épinards cuits

100 g (4 oz) de daikon* japonais émincé

1 carotte moyenne pelée et coupée en fines bandes

1 avocat coupé en petits dés

4 tiges de ciboulette hachées

Une poignée de feuilles de moutarde et de cresson hachées

Accompagnements

1 petit sac de gingembre mariné*

1 petite bouteille de sauce soya

1 c. à thé de wasabi*

* Voir glossaire, p. 152-153.

Ingrédients

pour 4 personnes

4 poitrines de poulet sans la peau

2 c. à soupe d'huile végétale

25 g (1 oz) de pâte d'ail

100 g (4 oz) de chou japonais mariné

75 g (3 oz) de légumes sichuanais en conserve

75 g (3 oz) de shiitakes (frais ou en conserve) tranchés

500 ml (2 t.) d'eau

Une pincée de sel

40 g (1 1/2 oz) de sucre

40 ml (1/6 t.) de sauce aux huîtres

40 ml (1/6 t.) de sauce soya légère

Fécule d'arrowroot ou de pommes de terre pour épaissir (au besoin)

1 paquet de ciboules (échalotes vertes) émincées en biseau

800 g (1 3/4 lb) de riz organique cuit

100 g (4 oz) de riz sauvage cuit

4 c. à thé de pâte de piment

Zasai Gohan

PRÉPARATION

1 *Pocher les poitrines de poulet pendant 8 à 10 minutes. Les laisser refroidir puis les couper en bandes minces.*

2 *Pour faire la sauce, chauffer l'huile dans le wok. Ajouter la pâte d'ail et la cuire très doucement jusqu'à ce qu'elle se colore légèrement. Ajouter le poulet, les légumes en conserve, les champignons et bien mélanger.*

3 *Verser l'eau dans le wok et l'amener à ébullition le plus rapidement possible. Assaisonner avec le sel, la sauce aux huîtres et la sauce soya. Vérifier l'assaisonnement. Si la sauce est trop claire, y incorporer un peu de fécule pour l'épaissir.*

4 *Quand la sauce a la consistance voulue, ajouter les ciboules et retirer du feu.*

Pour servir: Mélanger les riz et les placer dans quatre bols. Verser aussitôt la sauce au poulet sur le riz et garnir chaque bol d'une c. à thé de pâte de piment.

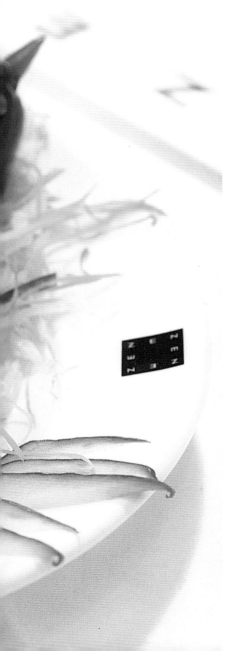

Filets de poulet et champignons chinois frits à la sauce sichuanaise

Ingrédients

pour 1 personne
(avec du riz)

50 g (2 oz) de shiitake séchés

1 poitrine de poulet finement tranchée

1/2 c. à soupe de farine de maïs

1/2 c. à thé de sel

1/4 de cube de bouillon de poulet dissous dans 500 ml (2 t.) d'eau bouillante

3 c. à soupe d'huile végétale

1/2 c. à thé d'ail broyé

3 c. à soupe de ketchup aux tomates

1. c. à soupe de sauce chili

1 c. à thé de sucre en poudre

1 c. à thé de sauce soya légère

2 échalotes finement hachées

PRÉPARATION

1 *Faire tremper les champignons dans de l'eau chaude pendant 30 minutes puis les laver à l'eau froide et les réserver.*

2 *Mélanger le poulet tranché, la farine de maïs et le sel et laisser reposer 15 minutes.*

3 *Faire cuire les champignons dans le bouillon de poulet pendant 10 minutes jusqu'à ce qu'ils soient tendres. Les égoutter et réserver.*

4 *Chauffer 2 c. à soupe d'huile dans le wok et frire le poulet jusqu'à ce qu'il soit cuit. Retirer le poulet du wok, l'assécher et réserver.*

5 *10 minutes avant de servir, cuire le reste du plat. Chauffer 1 c. à soupe d'huile dans le wok à feu vif. Réduire le feu, ajouter l'ail et le cuire à feu moyen jusqu'à ce qu'il soit doré.*

6 *Retirer le wok du feu et ajouter le ketchup aux tomates, la sauce chili, le sucre en poudre et la sauce soya. Remettre le wok à feu moyen et mélanger jusqu'à ce que le sucre soit fondu.*

7 *Ajouter le poulet et les champignons à la sauce, bien mélanger et chauffer le tout pendant 1 minute environ.*

Pour servir: Placer le tout dans un bol peu profond et garnir avec les échalotes hachées. Servir avec du riz.

Énokis au gingembre, à l'ail et aux piments

Ingrédients

pour 2 personnes

250 ml (1 t.) d'huile végétale

2 oignons moyens émincés

200 g (7 oz) de gombos*

1/2 c. à thé de chaat masala*

1 c. à thé de graines de cumin

6-8 feuilles de curry* ciselées

4-5 gousses d'ail finement hachées

Un morceau de gingembre de 3 cm (1 1/2 pouce) finement râpé

3 ciboules (échalotes vertes) coupées en lanières

2 piments verts épépinés et coupés en lanières

100 g (4 oz) d'énokis parés

1/2 c. à thé de jus de citron

Une pincée de sel

1 tomate assez grosse épépinée et coupée en julienne

2 c. à soupe de feuilles de coriandre finement hachées

* Voir glossaire, p. 152-153.

PRÉPARATION

1 *Avant de commencer à cuisiner, placer une passoire par-dessus un bol d'acier inoxydable ou de verre résistant à la chaleur.*

2 *Chauffer l'huile dans le wok. Quand elle est chaude, ajouter les oignons émincés et les retourner jusqu'à ce qu'ils soient légèrement brunis. Les verser aussitôt dans la passoire. (Ne pas les retirer du wok avec une cuiller sinon leur couleur ne sera pas égale.)*

3 *Étendre les oignons dans la passoire avec une fourchette pour en arrêter la cuisson et les empêcher de brunir. Réserver l'huile de cuisson qui s'est égouttée dans la passoire.*

4 *Entre-temps, parer les gombos et les trancher en très fines lanières.*

5 *Placer les oignons sur une assiette ou dans un bol tapissé d'essuie-tout.*

6 *Remettre l'huile réservée dans le wok et la chauffer jusqu'à ce qu'elle commence à fumer. Frire les gombos jusqu'à ce*

Suite à la page suivante...

… suite de la page précédente

qu'ils soient dorés, puis les mettre dans la passoire. Réserver
de nouveau l'huile qui s'égoutte dans le bol.

7   En refroidissant, les oignons et les gombos deviendront
croustillants. Mélanger les deux ingrédients dans un bol et les
saupoudrer de chaat masala.

8   Bien essuyer le wok puis le remettre sur le feu. Ajouter 2 c. à
soupe de l'huile réservée et la chauffer jusqu'à ce qu'elle
commence à fumer. Ajouter les graines de cumin et les feuilles
de curry puis l'ail haché, le gingembre, les ciboules et les
piments. Bien mélanger pendant 1 ou 2 minutes sans réduire
le feu.

9   Ajouter les champignons et faire sauter le tout pendant
une minute.

10   Ajouter le jus de citron, le sel et la tomate. Touiller et
vérifier l'assaisonnement.

11   Ajouter presque toute la coriandre et retirer le wok du
feu. Ajouter le reste de la coriandre aux champignons et aux
gombos.

Pour servir: Disposer un lit d'oignons et de gombos sur chaque assiette et
les couvrir d'une généreuse portion de champignons.

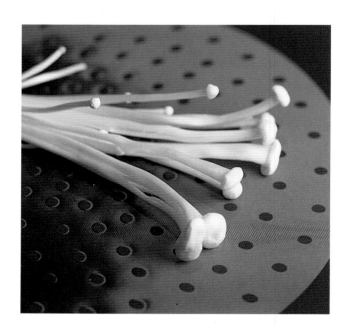

Yasai Chilli Men

PRÉPARATION

1 *Préparer d'abord la sauce. Passer les poivrons, le lemongrass, le gingembre, l'oignon, les piments et l'ail dans un mélangeur jusqu'à ce qu'ils forment une sauce lisse. Placer celle-ci dans un tamis fin au-dessus d'un bol et laisser s'égoutter l'excès d'eau.*

2 *Chauffer 1 c. à soupe d'huile dans une poêle et verser la sauce préparée. Ajouter ensuite le sucre, la sauce chili, la sauce à l'ail, la sauce soya et le ketchup. Assaisonner au goût. Laissez mijoter pendant 30 à 40 minutes jusqu'à ce que le mélange épaississe et que l'huile tourne au rouge.*

3 *Ensuite, chauffer 1 c. à soupe d'huile dans le wok et frire les carottes à feu doux pendant 2 à 3 minutes. Accroître la chaleur, ajouter les pois mange-tout, les champignons et le tofu et cuire 2 minutes de plus. Ajouter la sauce, les courgettes et les tomates et mijoter pendant que vous faites cuire les nouilles.*

4 *Si vous utilisez des nouilles fraîches, séparez-les avant de les mettre dans la casserole d'eau bouillante salée. Ramener à ébullition et cuire les nouilles 45 secondes, en les tournant constamment. Pour faire des nouilles frites, les cuire selon le mode d'emploi du paquet.*

Pour servir: Égoutter les nouilles et les mettre dans quatre bols. Verser la sauce par-dessus, puis les garnir de ciboules hachées

Photographie à la page suivante.

Ingrédients

pour 4 personnes

1 c. à soupe d'huile végétale

3 carottes moyennes pelées et émincées

100 g (4 oz) de pois mange-tout

125 g (4 1/2 oz) de boutons de champignons émincés

12 cubes de 1,5 cm (1/2 pouce) de tofu frit

100 g (4 oz) de courgettes coupées en deux sur la longueur et tranchées en biseau

2 tomates moyennes coupées en 12 morceaux

300 g (11 oz) de nouilles chinoises

1 botte de ciboules (échalotes vertes) coupées en biseau

Sauce

6 gros poivrons rouges épépinés et hachés

2 tiges de lemongrass* écrasées

50 g (2 oz) de gingembre frais écrasé

1 gros oignon pelé et haché

4 gros piments rouges épépinés et hachés

2 gousses d'ail pelées et broyées

2 c. à soupe d'huile végétale

50 g (2 oz) de sucre

200 ml (3/4 t.) de sauce chili et de sauce à l'ail

50 ml (1/5 t.) de sauce soya légère

2 c. à soupe de ketchup aux tomates

Sel pour assaisonner

Yasai Chilli Men
(recette de la page précédente)

Ingrédients

pour 2 personnes
(avec du riz)

2-3 c. à soupe d'huile végétale

2 badianes*

2 petits piments rouges finement hachés

400 g (14 oz) de boutons de champignons parés

1 1/2 c. à soupe d'ail finement haché

1 c. à soupe de gingembre finement haché

2-3 piments verts finement hachés

4 petites ciboules (échalotes vertes) hachées

1 carotte moyenne pelée et finement hachée

1 poivron vert moyen coupé en dés

150-200 ml (env. 3/4 t.) de bouillon de légumes ou d'eau

Quelques gouttes de sauce soya foncée

Sel et poivre au goût

1-2 c. à soupe de farine de maïs

2-3 c. à soupe d'eau froide

1 c. à soupe de feuilles de coriandre finement hachées

Note: Une fois ajoutée à un plat, la farine de maïs se réchauffe mal, car la fécule qu'elle contient a alors tendance à se défaire. Il est donc recommandé de ne l'ajouter au plat qu'au moment de servir.

* Voir glossaire, p. 152-153.

Champignons à la mandchourienne

PRÉPARATION

1 *Avant de commencer, placer une passoire sur un plat en acier inoxydable ou un plat de verre résistant à la chaleur et le garder prêt pour l'usage.*

2 *Chauffer l'huile dans le wok ou dans une grande casserole jusqu'à ce qu'elle commence à fumer.*

3 *Mettre la badiane dans l'huile et la frire pendant quelques secondes avant d'y ajouter le piment. Aussitôt que le piment a noirci, mais sans avoir brûlé, ajouter les champignons et les frire à feu vif pendant 1 à 2 minutes.*

4 *Mettre le tout dans la passoire et essuyer le tour du wok avec de l'essuie-tout pour en enlever l'huile.*

5 *Remettre l'huile filtrée dans le wok placé à feu vif. Ajouter l'ail, le gingembre, les piments verts, les ciboules, la carotte et le poivron vert et les faire sauter pendant 1 à 2 minutes. Ajouter le bouillon ou l'eau, la sauce soya, le sel et le poivre et amener à ébullition.*

6 *Entre-temps, dans une tasse, mélanger la farine de maïs à 2 ou 3 c. à soupe d'eau froide jusqu'à l'obtention d'une pâte lisse.*

7 *Quand les ingrédients commencent à bouillir dans le wok, leur ajouter le mélange de champignons et ramener à ébullition. Incorporer la farine de maïs petit à petit, en brassant continuellement le mélange et jusqu'à ce que la sauce ait la consistance voulue.*

8 *Vérifier l'assaisonnement, ajouter la coriandre et bien mélanger le tout.*

Pour servir: Servir avec du riz blanc cuit à la vapeur ou du riz frit.

Poulet au gingembre et au lemongrass rôti avec nouilles Cha-Soba

Ingrédients

pour 4 personnes

4-6 cuisses de poulet
désossées et sans la peau

125 g (4 1/2 oz) de nouilles
cha-soba* sèches

12 shiitakes (les chapeaux
seulement)

200 ml (3/4 t.) de ponzu*
(acheté dans une boutique)

2 ciboules (échalotes vertes)
émincées

1 petit panier de feuilles de
shiso* (facultatif)

Marinade

1 tige de lemongrass* parée et
émincée

1 morceau de 3 cm (1 pouce)
de gingembre pelé et émincé

50 ml (1/4 t.) d'huile de
tournesol

1 c. à thé de sucre en poudre

1 c. à soupe de sauce soya

*Note: On peut trouver les nouilles
cha-soba, le ponzu et les feuilles de
shiso dans une épicerie orientale ou
dans un magasin d'aliments naturels.*

* Voir glossaire, p. 152-153.

PRÉPARATION

1 *Placer les ingrédients indiqués de la marinade dans un mélangeur (en réservant 1/2 c. à soupe d'huile) et en faire une sauce lisse.*

2 *Couvrir les cuisses de poulet avec la marinade. Couvrir le plat avec une pellicule plastique puis le mettre au froid pendant au moins 4 heures.*

3 *Amener une grande casserole d'eau salée à ébullition, ajouter les nouilles cha-soba et bien mélanger. Ramener l'eau à ébullition et ajouter une tasse d'eau froide. Répéter cette dernière opération deux fois puis rincer les nouilles à l'eau courante pour en éliminer toute fécule.*

4 *Rôtir les cuisses de poulet sous le gril jusqu'à ce qu'elles soient dorées et bien cuites; cela devrait prendre de 12 à 15 minutes.*

5 *Tandis que rôtissent les cuisses, trancher les shiitakes et les faire sauter dans une poêle anti-adhésive avec l'huile de tournesol (1/2 c. à soupe). Laisser refroidir un peu avant de servir.*

Pour servir: Mélanger les nouilles à un peu de ponzu puis en disposer une portion sur chaque assiette. Les couvrir de champignons, puis trancher les cuisses de poulet en quatre morceaux et les disposer sur les champignons. Verser 1 c. à soupe de ponzu sur le poulet et garnir le tout de ciboules et de quelques feuilles de shiso (facultatif).

Pleurotes à la sauce aux fèves noires

PRÉPARATION

1 *Couper les champignons en deux puis les laver.*

2 *Placer les champignons dans une casserole d'eau bouillante pendant 30 secondes puis les assécher et réserver.*

3 *Laver délicatement les fèves noires dans un petit bol d'eau. Les égoutter puis les mettre en purée à l'aide d'une cuiller à thé.*

4 *Mélanger dans un bol l'oignon, la ciboule, les fèves noires, l'ail et le gingembre.*

5 *Dans un autre bol, mélanger les deux sauces soya et la sauce aux huîtres.*

6 *Chauffer l'huile dans le wok. Faire frire un peu le mélange à l'oignon à feu assez fort pendant 1 minute. Ajouter les champignons et les cuire à feu vif jusqu'à ce qu'ils grésillent.*

7 *Verser le mélange à la sauce soya et amener à ébullition.*

8 *Incorporer la pâte de farine de maïs et frire rapidement jusqu'à ce que la sauce épaississe.*

Pour servir: Servir avec du riz blanc cuit à la vapeur.

Ingrédients

pour 2 personnes
(avec du riz)

300 g (11 oz) de pleurotes

2 c. à thé de fèves noires*

2 c. à thé d'oignon finement haché

2 c. à thé de ciboule (échalote verte) émincée

1 gousse d'ail broyée

1/2 c. à thé de gingembre broyé

1/2 c. à soupe de sauce soya légère

1/2 c. à soupe de sauce soya foncée

1 c. à soupe de sauce aux huîtres

2 c. à soupe d'huile végétale

1 c. à soupe de farine de maïs additionnée à 4 c. à soupe d'eau

* Voir glossaire, p. 152-153.

Champignons et gingembre frits

PRÉPARATION

1 *Chauffer l'huile d'échalote dans le wok à feu moyen. Quand elle est juste chaude, y mettre l'oignon, le gingembre et l'ail en les tournant rapidement de manière à ce qu'ils ne brûlent pas.*

2 *Ajouter aussitôt les champignons et les poivrons, en faisant sauter rapidement les ingrédients dans le wok.*

3 *Ajouter la sauce aux huîtres, la sauce soya et le sucre et mélanger.*

4 *Cuire à feu moyen en tournant constamment pendant 1 minute ou jusqu'à ce que les champignons soient cuits.*

5 *Incorporer la ciboule et le piment. Retirer le wok du feu et servir aussitôt.*

Pour servir: Servir avec du riz blanc cuit à la vapeur.

Ingrédients

pour 1 personne
(avec du riz)

1 c. à soupe d'huile d'échalote

1/4 d'oignon rouge finement haché

20 g (1 oz) de gingembre émincé

1 gousse d'ail finement hachée

150 g (6 oz) de champignons (pleurotes, lépiste nu – wood blewitt – énokis, etc.) et grossièrement tranchés

1/4 de poivron rouge coupé en dés

1/4 de poivron jaune coupé en dés

3/4 de c. à soupe de sauce aux huîtres

3/4 de c. à soupe de sauce soya

1/4 de c. à thé de sucre

1 ciboule (échalote verte) coupée en biseau

4-5 tranches de piment rouge

Tataki de thon aux ciboules et salade de champignons

Ingrédients

pour 4 personnes

2 c. à soupe de mirin* (vin de riz sucré)

1 c. à soupe de vinaigre de riz

2 c. à soupe d'huile de tournesol

Une pincée de sel

100 g (4 oz) de boutons de champignons émincés

300 g (11 oz) de filet de thon

6 ciboules (échalotes vertes) parées et coupées en deux

200 ml (3/4 t.) de ponzu* (acheté dans une boutique)

Un morceau de 2 cm (1 pouce) de gingembre pelé et coupé en fines lanières

Une petite poignée de feuilles de cresson (et de moutarde, au goût)

Une pincée de sel marin

* *Voir glossaire, p. 152-153.*

PRÉPARATION

1 *Mélanger 1 c. à soupe de mirin avec le vinaigre de riz et l'huile de tournesol et une pincée de sel. Placer les boutons de champignons dans un petit bol et les couvrir avec cette vinaigrette. Mettre au froid 15 minutes au moins avant de servir.*

2 *Amener une casserole d'eau salée à ébullition et y blanchir le filet de thon pendant 15 secondes. Jeter aussitôt celui-ci dans l'eau froide. Quand le thon est froid, l'égoutter puis l'assécher avec un essuie-tout. Couper le poisson en tranches de 4-5 mm (1/4 de pouce) d'épaisseur. Mettre le poisson au frais.*

3 *Mélanger les ciboules dans 1 c. à soupe de mirin, puis les placer sur une plaque sous le gril chaud et les cuire jusqu'à ce qu'elles soient caramélisées. Les retirer du four et les laisser refroidir un peu.*

Pour servir: Placer un peu de salade de champignons au centre des assiettes, la couvrir de 3 à 4 tranches de thon puis arroser le tout d'une à deux c. à soupe de ponzu. Disposer 3 morceaux de ciboule sur le poisson puis un peu de gingembre et le cresson (et la moutarde). Assaisonner le tout d'une pincée de sel marin.

Champignons à la sauce à l'ail

PRÉPARATION

1 *Commencer à cuisiner 10 à 12 minutes avant de servir. Chauffer l'huile dans le wok à feu moyen et ajouter l'ail.*

2 *Faire sauter l'ail pendant 1 minute jusqu'à ce qu'il soit doré puis ajouter le gingembre et le piment vert.*

3 *Cuire encore pendant 2 minutes puis ajouter les tomates, le sucre et du vinaigre au goût.*

4 *Cuire la sauce jusqu'à ce qu'elle épaississe puis ajouter les ciboules.*

5 *Vérifier l'assaisonnement. La sauce devrait être légèrement sucrée mais forte et aigre et goûter l'ail.*

6 *Une fois la sauce épaissie, accroître la chaleur, ajouter les champignons et cuire à feu vif pendant 2-3 minutes, pas plus, en remuant constamment le mélange.*

7 *Une fois que les champignons sont bien nappés de sauce et bien chauds, retirer le wok du feu et servir aussitôt.*

Pour servir: Garnir le plat de coriandre et servir avec du riz frit.

Ingrédients

*pour 2 personnes
(avec du riz)*

2 c. à soupe d'huile végétale

8-10 gousses d'ail hachées

Un morceau de gingembre de 5 cm (2 pouces) pelé et haché finement

3-4 piments verts hachés

4-5 tomates moyennes pelées et hachées

2 c. à thé de sucre

1-2 c. à soupe de vinaigre blanc (au goût)

3 ciboules (échalotes vertes) finement hachées

Sel au goût

250 g (8 oz) de champignons mélangés tranchés

1/2 c. à soupe de coriandre fraîche finement hachée

Nouilles frites et légumes verts chinois aux fèves noires et aux shiitakes

Ingrédients

pour 1 personne

1 c. à soupe d'huile d'échalote

Une pincée de gingembre finement haché

1/4 d'oignon rouge émincé

1 c. à soupe de sauce soya légère

1/2 c. à thé de sucre

1 c. à thé de pâte de fèves noires* et de piment

300 g (11 oz) de nouilles Hokien ou de Shangai

2-3 c. à soupe d'eau (au besoin)

3 gros shiitakes émincés

1 poignée de légumes verts chinois (pak choi) hachés en morceaux de 5 cm (2 pouces)

* Voir glossaire, p. 152-153.

PRÉPARATION

1 *Verser l'huile d'échalote dans le wok chaud. Ajouter le gingembre et l'oignon rouge.*

2 *Ajouter la sauce soya, le sucre, la pâte de fèves noires et de piment puis les nouilles en remuant constamment le tout jusqu'à ce que les nouilles soient imprégnées. Ajouter un peu d'eau pour la cuisson des nouilles. Cela les empêchera aussi de coller au wok.*

3 *Pour compléter le plat, incorporer les champignons et les légumes verts. Touiller plusieurs fois. Retirer le wok du feu aussitôt que les légumes sont bien nappés et cuits.*

Pour servir: Servir aussitôt dans un grand bol.

Légumes verts chinois aux shiitakes et à la sauce aux fèves noires

PRÉPARATION

1 *Chauffer le wok à feu vif et y verser la moitié de l'huile d'échalote.*

2 *Ajouter le gingembre et le frire pendant 20 secondes.*

3 *Ajouter la sauce aux fèves noires, l'eau ou le bouillon de poulet et le sucre. Incorporer les champignons et cuire pendant 2 minutes ou jusqu'à ce que le liquide soit réduit.*

4 *Ajouter les légumes et la sauce soya et cuire pendant 1 minute ou jusqu'à ce que les feuilles soient vert foncé.*

5 *Retirer le wok du feu et servir aussitôt.*

Pour servir: Disposer les feuilles sur l'assiette puis placer les champignons par-dessus. Napper de sauce.

Ingrédients

pour 2 personnes (comme plat d'accompagnement)

1 c. à soupe d'huile d'échalote

10 g (1/2 oz) de gingembre émincé

1 c. à soupe de sauce aux fèves noires*

1 c. à soupe d'eau ou de bouillon de poulet

Une pincée de sucre

4 gros shiitakes

1 grosse poignée de légumes verts chinois (pak choi)

1/2 c. à soupe de sauce soya légère

* Voir glossaire, p. 152-153.

Curry malaisien aux champignons

PRÉPARATION

1   *Chauffer le wok à feu moyen puis y verser l'huile d'échalote. Ajouter l'ail, l'oignon et le lemongrass et les frire pendant quelques secondes.*

2   *Ajouter la poudre de cari et frire 20 secondes, sans brûler.*

3   *Ajouter la sauce aux huîtres et le lait de coco et cuire pendant 1 minute.*

4   *Ajouter les champignons et le reste des légumes. Incorporer le sucre, l'eau et le piment et cuire 1 à 2 minutes de plus ou jusqu'à ce que les légumes soient tendres et que le liquide ait épaissi.*

Pour servir: Disposer dans un bol profond et servir avec du riz blanc cuit à la vapeur.

Ingrédients

pour 1 personne
(avec du riz)

1 c. à soupe d'huile d'échalote

1 gousse d'ail

1/2 oignon rouge coupé en dés

1/2 tige de lemongrass* émincé

1/2 c. à thé de poudre de curry mi-forte (malaisienne si possible)

2 c. à thé de sauce aux huîtres

4 c. à soupe de lait de coco

150 g (5 oz) de pleurotes

1/4 de poivron rouge coupé en dés

1/4 de poivron jaune coupé en dés

1/2 tomate coupée en quartiers

Une pincée de sucre

2 c. à thé d'eau

2 tranches de piment rouge

* Voir glossaire, p. 152-153.

Rouleaux de pleurotes et de shiitakes

Ingrédients

pour 4 personnes

250 g (8 oz) de riz sushi à grain court

100 ml (1/2 t.) d'assaisonnement à sushi (vendu préparé)

1 c. à soupe d'huile de tournesol

250 g (8 oz) de pleurotes entiers

250 g (8 oz) de shiitakes coupés en deux

1 grosse échalote coupée en petits dés

1 petit piment rouge haché

2 gousses d'ail broyées

3 c. à soupe de sauce soya

4 feuilles d'algues nori*

12 tiges de ciboulette

3 c. à soupe de farine

1 œuf battu

Panko (chapelure japonaise)

Huile végétale pour friture

1 brocoli mauve coupé en morceaux d'une bouchée

2 c. à soupe de ponzu* préparé

2 c. à thé de graines de sésame

* Voir glossaire, p. 152-153.

PRÉPARATION

1 *Laver le riz, le faire tremper 30 minutes, puis le cuire à la vapeur ou le faire bouillir pendant 30 minutes. Le placer ensuite dans un bol, y mélanger l'assaisonnement à sushi puis le laisser refroidir.*

2 *Chauffer l'huile de tournesol dans le wok puis y frire 2 minutes les champignons avec l'échalote, le piment et l'ail. Ajouter 1 c. à soupe de sauce soya et retirer du feu. Mettre ce mélange dans une passoire placée au-dessus d'un plat et laisser refroidir.*

3 *Pour faire les rouleaux, placer une feuille d'algue nori sur la natte à rouleaux sushi. Se mouiller les mains et placer une couche de 5 mm (1/4 de pouce) d'épaisseur de riz sur les deux tiers de la feuille de nori en laissant une marge tout autour de celle-ci. Répartir 3 tiges de ciboulette sur le riz puis un quart des champignons sur la partie de la feuille située devers vous. Rouler la natte par-dessus le mélange de manière à ce que la feuille de nori soit toute roulée dans le tube formé par la natte. Dérouler la natte et tordre les extrémités de la feuille de nori.*

4 *Quand les 4 rouleaux sont prêts, rouler chacun tour à tour dans la farine, l'œuf battu et la chapelure. Les faire frire pendant 5 minutes à 180 °C (375 °F). Si vous n'avez pas de friteuse, servez-vous d'une poêle épaisse remplie de 2,5 cm (1 pouce) d'huile bouillante. Retirer les rouleaux de l'huile puis les égoutter sur un essuie-tout. Laisser refroidir, puis couper chaque rouleau en 4 morceaux.*

5 *Faire frire le brocoli dans le wok avec le reste de la sauce soya et le ponzu.*

Pour servir: Disposer le brocoli et la sauce de cuisson sur les assiettes puis placer 4 pièces de sushi à côté. Garnir le tout de graines de sésame et servir.

Boutons de champignons croquants au poivre noir, sel et piments

Ingrédients

pour 2 personnes
(comme entrée)

200 g (7 oz) de boutons
de champignons

1 piment rouge

1 ciboule (échalote verte)

Le jus d'un demi citron ou
1 c. à soupe de vinaigre

2 c. à thé de sel

1/2 c. à thé de bouillon de
poulet en poudre

Une bonne pincée de poivre
noir grossièrement moulu

3 c. à soupe de farine préparée

4 c. à soupe de farine de maïs

4 c. à soupe d'huile végétale

4 c. à soupe d'eau

Huile végétale pour friture

2 grandes feuilles de laitue
«Iceberg»

1 échalote finement hachée

PRÉPARATION

1 *Laver rapidement les champignons puis les couper en deux. Hacher le piment et la ciboule. (Après avoir haché le piment, lavez-vous les doigts avec le jus de citron ou le vinaigre.)*

2 *Mélanger le sel, le bouillon de poulet en poudre et le poivre dans un bol. Dans un autre bol plus grand, bien mélanger la farine préparée, la farine de maïs, 3 c. à soupe d'huile végétale et l'eau. Ajouter les champignons et bien mélanger le tout.*

3 *Faire frire les champignons en les plaçant un à un dans l'huile de manière à ce qu'ils ne collent pas ensemble. Si vous n'avez pas de friteuse, servez-vous d'une poêle épaisse remplie de 2,5 cm (1 pouce) d'huile bouillante. Cuire les champignons jusqu'à ce qu'ils soient croquants et brun doré. Les retirer de l'huile puis les égoutter sur un essuie-tout.*

4 *Chauffer 2 c. à soupe d'huile dans le wok. Faire frire le piment et la ciboule pendant 30 secondes.*

5 *Ajouter les champignons dans le wok en les retournant constamment. Ajouter le premier mélange préparé (bouillon de poulet, sel et poivre) et faire frire pendant 1 minute en mélangeant bien.*

Pour servir: Garnir deux petits bols d'une feuille de laitue, disposer les champignons dessus et garnir le tout d'échalote hachée.

Ingrédients

pour 4 personnes

2,5 litres (10 t.) de bouillon de légumes chaud

500 g (1 lb) de nouilles soba sèches ou fraîches

1 c. à soupe d'huile végétale

1 gousse d'ail broyée

150 g (5 oz) de boutons de champignons émincés

100 g (4 oz) de pois mange-tout coupés en deux en biseau

100 g (4 oz) de blancs de poireau coupés en deux, puis tranchés en biseau

500 g (1 lb) de fèves germées lavées

100 g (4 oz) de courgettes coupées en biseau

12 cubes d'1,5 cm (1/2 pouce) de tofu frit

Fécule d'arrowroot ou de pommes de terre (pour épaissir)

1 c. à thé de sauce soya légère

Sel au goût

1 c. à thé de sucre (ou au goût)

50 g (2 oz) d'énokis parés

1 paquet de ciboules (échalotes vertes) émincées

Moyashi Soba

PRÉPARATION

1 *Chauffer doucement le bouillon de légumes dans une casserole.*

2 *Chauffer l'huile dans le wok, y faire fondre l'ail puis ajouter 50 ml (1/4 t.) d'eau et amener à ébullition.*

3 *Ajouter les boutons de champignons, les pois mange-tout, les poireaux, les fèves germées, les courgettes et le tofu. Bien mélanger, ramener à ébullition et cuire 4 à 5 minutes en ajoutant un peu de fécule pour épaissir. Assaisonner au goût avec la sauce soya, le sel et le sucre. Garder le mélange au chaud.*

4 *Si vous utilisez des nouilles fraîches, les séparer délicatement avant de les jeter dans une marmite d'eau salée bouillante. Ramener l'eau à ébullition et cuire les nouilles pendant 45 secondes environ en les remuant continuellement. Si vous vous servez de nouilles sèches, cuisez-les selon le mode d'emploi du paquet. Égoutter les nouilles et les servir aussitôt.*

Pour servir: Disposer les nouilles dans quatre bols et verser le bouillon de poulet dessus. Ajouter le mélange de légumes et garnir le tout avec les énokis et la ciboule.

Tom Kha Hed

Ingrédients

pour 1 personne

250 ml (1 t.) de bouillon de poulet (fait maison)

1/2 échalote à demi broyée (avec la lame d'un couteau)

5 g (1/5 d'once) de racine de galanga* coupée en biseau en morceaux de 4 cm (1 1/2 pouce) de largeur

1/4 de tige de lemongrass* coupée en biseau en morceaux de 5 cm (2 pouces)

2 feuilles de lime Kafia coupées en lanières

2 c. à thé de sauce de calmar thaïlandaise

1/2 c. à thé de sucre

25 g (1 oz) de boutons de champignons coupés en 4

4 c. à soupe de lait de coco

4 tranches de piment rouge

Le jus d'une demie lime

1 ciboule (échalote verte) émincée en biseau

1 tige de coriandre hachée

Quelques gouttes d'huile chili (facultatif)

* Voir glossaire, p. 152-153.

PRÉPARATION

1 *Chauffer le wok à feu moyen puis y verser le bouillon de poulet.*

2 *Ajouter l'échalote, le galanga, le lemongrass et les feuilles de lime. Mijoter pendant 30 secondes.*

3 *Ajouter la sauce de calmar, le sucre, les champignons et le lait de coco et cuire pendant 2 minutes.*

4 *Incorporer le piment et le jus de lime et retirer le wok du feu.*

Pour servir: Verser le tout dans un grand bol et garnir avec la ciboule et la coriandre. Ajouter de l'huile chili, au goût. Ce plat peut être servi avec du riz cuit à la vapeur.

Sashimi de thon et salade de shiitakes

PRÉPARATION

1 *Rouler le thon dans la poudre de cinq-épices. Chauffer une casserole de métal épais à feu très élevé et saisir le poisson durant 20 secondes de chaque côté. Mettre ensuite le poisson au froid.*

2 *Chauffer l'huile de tournesol à 160 °C (325 °F) et frire la racine de lotus émincée jusqu'à ce qu'elle soit dorée, puis la laisser s'égoutter sur un essuie-tout.*

3 *Placer les ingrédients de la salade dans un bol. Préparer la vinaigrette à part et en prendre la moitié pour couvrir la salade.*

4 *Préparer les brochettes en alternant les tranches de racine de lotus et le gingembre mariné. Terminer la brochette avec un morceau de lime.*

Pour servir: Couper le thon en tranches minces et placer celles-ci sur les assiettes. Disposer la salade et la couvrir du reste de la vinaigrette. Placer une brochette sur chaque assiette. Arroser le tout de quelques gouttes de wasabi et décorer le plat avec des feuilles de shiso.

Ingrédients

pour 4 personnes

200 g (7 oz) de filet de thon (en une pièce)

1 c. à thé de poudre de cinq-épices

Huile de tournesol pour friture

Un morceau de racine de lotus* de 10 cm (4 pouces) carrés émincée à la mandoline

4 brochettes de bambou

1 petit sac de gingembre mariné*

1 lime coupée en quartiers

1 c. à thé de wasabi*

8 feuilles de shiso*

Salade

8 shiitakes émincés

3 ciboules (échalotes vertes) émincées

125 g (4 1/2 oz) de daikon* râpé

1/2 concombre râpé

Vinaigrette

2 c. à soupe de sauce soya

1 c. à thé d'huile de sésame

1 c. à thé d'huile de tournesol

Le jus d'une lime

* Voir glossaire, p. 152-153.

occident

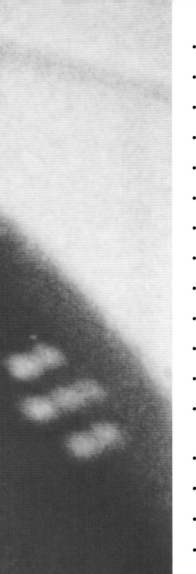

- Croûtes de champignons grillés à la sauce au steak texane *63*

- Ragoût-surprise aux champignons *65*

- Tamales aux morilles, Pico de Gallo et huile de coriandre *66*

- Angelot aux palourdes, asperges et trompettes-de-la-mort *69*

- Pigonneaux aux champignons sauvages et risotto Barolo *70*

- Saucisses de porc avec purée de chou-fleur caramélisé *73*

- Agneau rôti avec pommes de terre sautées aux champignons sauvages *75*

- Morue rôtie avec casserole de langoustines, fèves et sauce aux champignons *79*

- Crépinettes de pétoncles, épinards et cèpes avec velouté de fèves et de morilles *80*

- Carpaccio de bœuf, bruschetta et champignons sauvages *83*

- Lasagnes de langoustines, pieds de porc et truffes *84*

- Millefeuilles de saumon, poireau et champignons sauvages de saison *87*

- Champignons sauvages servis sur rosti au thym avec jeunes pousses de poireau et crème sure *88*

- Tagliatelles aux herbes aux petites palourdes, à l'ail et aux cèpes *91*

- Crostini aux chanterelles, œufs pochés et pesto *93*

- Feuillantines de cèpes rôtis *95*

- Cuisses de lapin rôties aux olives, au thym et aux portobellos *96*

- Saucisson de foie gras et de champignons sauvages *99*

- Risotto de foie gras et de truffes *101*

- Ragoût de champignons, œufs pochés et truffes noires *103*

- Salade de champignons de Paris, fenouil et parmesan *105*

- Cœurs d'artichaut aux portobellos géants *106*

- Tagliatelles aux morilles et à la crème *109*

- Terrine de cèpes aux herbes *110*

- Soupe aux fèves cannellini et aux cèpes *113*

Ingrédients

pour 4 personnes

500 g (1 lb) de gros champignons sauvages au goût

8 c. à soupe d'huile d'olive

Sel et poivre

4 tranches épaisses de pain ciabatta

1 gousse d'ail

2-3 c. à soupe d'huile d'olive (pour le pain)

2 c. à soupe de beurre

2. c. à soupe de sherry

2 c. à soupe de persil haché

Sauce au steak texane

1 c. à soupe de pâte de tamarins

2 c. à soupe de sucre brun

8 c. à soupe de ketchup aux tomates

6 c. à soupe de ketjap manis (acheté dans une épicerie orientale)

2 c. à soupe de poudre de chili

4 c. à soupe de vinaigre de riz

175 ml (2/3 t.) d'eau

3 c. à thé de gingembre frais haché

1 gousse d'ail finement hachée

Poivre au goût

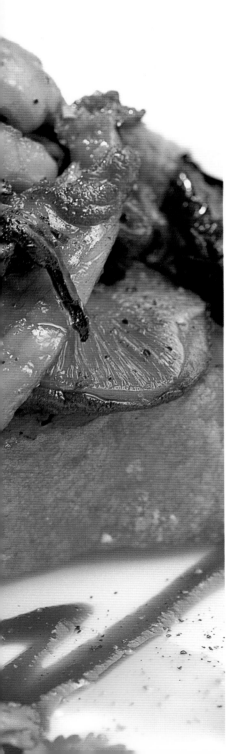

Croûtes de champignons grillés à la sauce au steak texane

PRÉPARATION

1 *Préparer la sauce texane à l'avance en mêlant les ingrédients dans une poêle et en les laissant mijoter 30 minutes jusqu'à ce que la sauce ait la consistance d'un ketchup. Chauffer doucement la sauce avant de la servir.*

2 *Essuyer les champignons avec un linge humide et éliminer les pieds coriaces. Les mélanger ensuite dans un bol avec l'huile d'olive, un peu de sel et de poivre jusqu'à ce que presque toute l'huile ait été absorbée.*

3 *Griller les champignons à feu moyen sur le barbecue ou au four (sous le gril) en les retournant à quelques reprises et jusqu'à ce qu'ils soient dorés et croquants.*

4 *Entre-temps, frotter les tranches de pain avec l'ail, les badigeonner d'huile et les griller jusqu'à ce qu'elles soient brun doré.*

5 *Quand les champignons sont prêts, les remettre dans le bol et les mélanger avec le beurre, le sherry et le persil jusqu'à ce que le beurre soit fondu.*

Pour servir: Couvrir chaque tranche de pain grillé de champignons et verser la sauce texane tout autour.

Ingrédients

pour 4 personnes

6 blancs d'œuf

1. c. à thé d'estragon haché

150 g (5 oz) de pois congelés

125 g (4 1/2 oz) de petits boutons de champignons

125 g (4 1/2 oz) de chanterelles

Une noix de beurre

Le jus d'un demi citron

1 gousse d'ail broyée

Sel et poivre

100 g (4 oz) de tomate coupée en dés

1 c. à soupe de persil haché

1 c. à soupe de ciboulette hachée

100 g (4 oz) de fèves

3 c. à soupe de crème fraîche

4 tiges de ciboulette hachée (pour garnir)

Sabayon

3 jaunes d'œuf

1 c. à soupe de vinaigre

3 c. à soupe d'eau chaude

75 g (3 oz) de beurre fondu

Ragoût-surprise aux champignons

PRÉPARATION

1 *Battre les blancs d'œuf très ferme en y mêlant l'estragon haché.*

2 *À l'aide d'une cuiller, façonner le blanc d'œuf battu en 8 quenelles (boules) et les faire pocher dans de l'eau bouillante salée pendant 3 minutes. Les retirer de l'eau et laisser s'égoutter sur un linge de cuisine.*

3 *Blanchir les pois dans de l'eau salée, les égoutter et mettre au frais.*

4 *Trancher les champignons en deux. Faire fondre le beurre dans une casserole et y faire sauter les champignons. Quand ils sont presque cuits, ajouter le jus de citron, l'ail et du sel et poivre au goût. Ajouter ensuite la tomate, le persil, la ciboulette hachée, les pois et les fèves, mélanger. Incorporer la crème fraîche et ramener à ébullition. Retirer aussitôt du feu.*

5 *Entre-temps, préparer le sabayon. Mélanger tous les ingrédients dans une tasse et leur incorporer 3 c. à soupe de sauce prise dans le mélange de champignons.*

Pour servir: Verser le ragoût de champignons dans les bols à soupe et placer 2 quenelles par-dessus. Napper le tout de sabayon, garnir de ciboulette et servir aussitôt

Tamales aux morilles, Pico de Gallo et huile de coriandre

Ingrédients

pour 4 personnes

1 épi de maïs sans la pelure

3 c. à soupe de beurre

1 1/2 c. à soupe de coriandre hachée

3 gousses d'ail rôties, pelées et hachées

125 g (4 1/2 oz) de saindoux

Une pincée de sel

3/4 de c. à thé de levure chimique (poudre à pâte)

3 c. à thé de conserve de piments chipotle hachés

1 1/2 c. à soupe de champignons sauvages séchés moulus

125 g (4 1/2 oz) de masa harina*

125 ml (4 1/2 oz) de bouillon de légumes ou de poulet

4 enveloppes d'épis de maïs attendries dans de l'eau bouillante

1/2 tasse de morilles mises à tremper (en réservant ensuite le liquide) puis bien lavées (plus quelques morilles additionnelles pour garnir)

1/2 c. à soupe d'huile végétale

Huile de coriandre

2 tasses de feuilles de coriandre blanchies, passées à l'eau froide puis essorées

125 ml (1/2 t.) d'huile végétale

125 ml (1/2 t.) d'huile d'olive

* Voir glossaire, p. 152-153.

PRÉPARATION

1 *Rôtir l'épi de maïs au four à 200 °C (400 °F) pendant 15 minutes. Le laisser refroidir puis l'égrener. Mélanger le beurre, la coriandre et les 2/3 de l'ail et réserver. Préparer l'huile de coriandre en passant les ingrédients au mélangeur pendant 5 à 6 minutes jusqu'à l'obtention d'une purée lisse. Réserver.*

2 *Battre le saindoux avec une pincée de sel, la levure chimique, le piment et la poudre de champignons. Mélanger à part le masa harina et le bouillon puis les ajouter petit à petit au saindoux en battant la pâte 10 à 15 minutes jusqu'à ce qu'elle soit légère. Incorporer le maïs.*

3 *Placer des portions égales de pâte dans les enveloppes d'épis de maïs et fermer complètement celles-ci en attachant les bouts avec des bandes de feuilles ou de la ficelle. Cuire les enveloppes à la vapeur 30-40 minutes, la couture de l'enveloppe placée vers le bas.*

4 *Entre-temps, hacher grossièrement les morilles et les faire sauter dans l'huile végétale. Passer le liquide de trempage des morilles à travers un tamis très fin et l'ajouter à la poêle. Ajouter le reste de l'ail et cuire jusqu'à ce que tout le liquide se soit évaporé. Laisser refroidir un peu, puis incorporer peu à peu le mélange de beurre, d'ail et de coriandre. Réserver en gardant chaud.*

Pour servir: Quand les tamales sont cuits, en placer un sur chaque assiette. Faire une petite fente au milieu de chaque tamale puis en pousser les bouts pour l'ouvrir comme vous le feriez avec une pomme de terre cuite au four. Placer un peu de sauce aux morilles par-dessus, garnir de pico de gallo et arroser le tout d'huile de coriandre.

Pico de Gallo

PRÉPARATION

1 *Placer les oignons dans une passoire et faire couler de l'eau chaude dessus pendant 5 minutes puis les laisser s'égoutter.*

2 *Entre-temps, blanchir les tomates, les peler et les épépiner. Les couper en dés puis les mettre dans un bol. Ajouter les oignons et les autres ingrédients. Bien mélanger.*

3 *Assaisonner au goût et laisser reposer 30 minutes de manière à ce que les goûts se développent.*

Ingrédients
pour 4 personnes

1 c. à soupe d'oignon coupé en dés

3 tomates italiennes

1 petit piment jalapeno haché

1 c. à soupe de coriandre hachée

1 c. à soupe de sucre

1 c. à soupe d'huile d'olive

Jus de lime au goût

Une pincée de sel

Angelot aux palourdes, asperges et trompettes-de-la-mort

PRÉPARATION

1 *Laver et brosser les palourdes puis les réserver. Faire bouillir les asperges jusqu'à ce qu'elles soient presque tendres puis les jeter en eau froide, les passer et réserver. Faire sauter les trompettes dans 1/2 c. à soupe d'huile pendant 20 à 30 secondes, les assaisonner puis égoutter sur un essuie-tout.*

2 *Préparer ensuite la sauce au beurre. Dans une poêle profonde, chauffer l'huile et y faire fondre les échalotes. Les déglacer ensuite avec le vinaigre de vin blanc, ajouter le vin blanc et mijoter jusqu'à ce que le liquide ait réduit de moitié. Ajouter le beurre et battre pour faire une émulsion. Passer ensuite le beurre dans un tamis fin et réserver.*

3 *Assaisonner les morceaux d'angelot de sel et de poivre. Verser 1/2 c. à soupe d'huile dans une poêle chaude et cuire le poisson jusqu'à ce qu'il soit bien doré. Placer le poisson dans un plat et le mettre à four chaud pendant 4 minutes.*

4 *Pendant que le poisson cuit, placer 1/2 c. à soupe d'huile dans une poêle chaude et faire sauter les palourdes. Ajouter le vin et couvrir la poêle pour faire ouvrir les palourdes. Mettre ensuite les asperges, les trompettes et la tomate. Incorporer la sauce au beurre, bien mélanger et retirer du feu.*

Pour servir: Placer le mélange de palourdes dans les assiettes. Couper les morceaux de poisson en quatre tranches et les disposer sur les palourdes.

Ingrédients

pour 4 personnes

20 palourdes en coquille

300 g (11 oz) de petites asperges fraîches

300 g (11 oz) de trompettes-de-la-mort

1 1/2 c. à soupe d'huile végétale

Sel et poivre

200-250 g (7-9 oz) de morceaux d'angelot (Monkfish)

50 ml (1/5 t.) de vin blanc

300 g (11 oz) de tomates épépinées et coupées en dés

Sauce au beurre

1/2 c. à soupe d'huile végétale

2 échalotes émincées

25 ml (1 oz) de vinaigre de vin blanc

200 ml (3/4 t.) de vin blanc

150 g (5 oz) de beurre coupé en dés

Pigeonneaux aux champignons sauvages et risotto Barolo

Ingrédients

pour 4 personnes

200 g (7 oz) de chair de pigeonneau coupée en dés

250 ml (1 t.) de vin Barolo

2 oignons finement hachés

1 carotte coupée en petits dés

1 branche de céleri coupée en petits dés

1 branche de thym

1 branche de romarin

1 feuille de laurier

1 c. à soupe d'huile végétale

50 g (2 oz) de cèpes coupés en dés

25 g (1 oz) de lardons coupés en dés

500 ml (2 t.) de bouillon de gibier

Sel et poivre noir moulu

1 gousse d'ail

1/2 c. à soupe d'huile d'olive

300 g (11 oz) de riz à risotto

200 ml (3/4 t.) de vin blanc

3 litres (12 t.) de bouillon de légumes

200 g (7 oz) de champignons sauvages

50 g (2 oz) de beurre de foie gras (acheté dans une épicerie fine)

PRÉPARATION

1 *Deux jours à l'avance, faire mariner les pigeonneaux dans le vin Barolo avec 1 oignon, la carotte, le céleri et les fines herbes.*

2 *Chauffer 1/2 c. à soupe d'huile dans une poêle épaisse puis y faire sauter les cèpes et les lardons.*

3 *Retirer la chair de pigeonneau de la marinade et l'ajouter à la poêle en la faisant sauter durant 2 minutes environ.*

4 *Ajouter la marinade et réduire le feu. Ajouter ensuite le bouillon de gibier et mijoter le tout jusqu'à l'obtention d'un ragoût épais. Vérifier l'assaisonnement et réserver.*

5 *Faire sauter le deuxième oignon et l'ail dans l'huile d'olive puis ajouter le riz. Faire sauter pendant 2 minutes environ, ajouter le vin blanc et réduire le feu. Ajouter le bouillon de légumes et cuire le riz 20 minutes ou jusqu'à ce qu'il soit presque cuit.*

6 *Entre-temps, faire sauter les champignons dans 1/2 c. à soupe d'huile végétale et les assaisonner. Mélanger le ragoût au riz et mijoter 5 minutes de plus. Incorporer le beurre de foie gras au mélange et retirer aussitôt la poêle du feu.*

Pour servir: Vérifier les assaisonnements et servir très chaud.

Saucisses de porc avec purée de chou-fleur caramélisé

PRÉPARATION

1   *La veille, mettre les pieds de porc à tremper dans l'eau. Les sortir et peler les peaux et conservez-les au frais. Mettre le sucre dans une casserole profonde et le cuire à feu doux jusqu'à ce qu'il se caramélise. Ajouter les pieds de porc et les cuire 5 minutes. Ajouter ensuite assez d'eau froide pour couvrir les pieds de porc, amener à ébullition et écumer. Réduire le feu et ajouter l'épaule de porc. Écumer de nouveau au bout de quelques minutes, puis incorporer les légumes, le bouquet garni, les clous de girofle, le quatre-épices et sel et poivre au goût. Mijoter 3 heures.*

2   *Entre-temps, préparer la duxelles. Hacher d'abord finement les champignons puis faire fondre le beurre dans la poêle et y faire fondre les échalotes. Ajouter les champignons et le vin de Madère et mijoter jusqu'à ce que le liquide se soit évaporé. Réserver.*

3   *Quand le porc est cuit, le retirer de la casserole, passer le liquide et le réserver (en jetant les légumes).*

4   *Remettre le tiers du liquide obtenu dans la casserole et l'amener à ébullition. Réduire le feu et laissez mijoter le liquide jusqu'à ce qu'il forme un sirop. Entre-temps, préparer la farce en mélangeant le porc, la duxelles, les rillettes, le*

Ingrédients

pour 4 personnes

4 pieds de porc* entiers

50 g (2 oz) de sucre

200 g (7 oz) d'épaule de porc coupée en dés

1 carotte hachée

1 oignon haché

1 branche de céleri hachée

1 poireau haché

1 pincée de bouquet garni

3 clous de girofle

1 pincée de quatre-épices

Sel et poivre au goût

100 g (4 oz) de rillettes de porc

1 blanc d'œuf battu

1 c. à soupe de bon cognac

1 branche de thym (les feuilles seulement)

100 g (4 oz) de gras de crépine trempé 24 heures pour en enlever le sang

Duxelles

100 g (4 oz) de boutons de champignons

Une noix de beurre

2 échalotes hachées

50 ml (1/5 t.) de vin de Madère

Suite à la page suivante...

* *Voir glossaire, p. 152-153.*

Purée de chou-fleur caramélisé

Ingrédients

1 gros chou-fleur
100 g (4 oz) de beurre non salé
2 c. à soupe de lait
Une noix de beurre
Sel et poivre

PRÉPARATION

1 *Couper le chou-fleur en morceaux d'une bouchée.*
Chauffer le beurre dans une poêle à feu très doux et y faire
cuire le chou-fleur 40 minutes jusqu'à ce qu'il soit très tendre.

2 *Retirer le chou-fleur et le placer dans le mélangeur.*
Ajouter la noix de beurre, le lait, du sel et du poivre au goût.
Mélanger jusqu'à l'obtention d'un mélange crémeux.

3 *Passer la purée dans un tamis et la garder chaude jusqu'au*
moment de servir.

... suite de la page précédente

blanc d'œuf, le thym et le cognac. Assaisonner au goût.
Ajouter ensuite le jus de cuisson du porc épaissi.

5 Gratter l'intérieur des peaux de pieds de porc pour en
enlever la membrane. Placer les peaux sur une planche à
découper et les remplir de farce. Rouler les peaux en forme de
saucisse, les mettre dans une pellicule plastique puis les
refrigérer. Une fois bien refroidies, enlever la pellicule.

6 Sur une planche, couper la crépine en 4 rectangles de
20 x 12,5 cm (8 x 5 pouces). Placer une peau farcie à la base
de chaque rectangle et rouler la crépine pour former une
saucisse. Cuire ensuite les saucisses au four à 150 °C (300 °F)
pendant 30 minutes en les arrosant souvent avec le jus de
cuisson précédemment filtré.

Pour servir: Servir les saucisses avec la purée de chou-fleur (voir la recette
ci-contre), des cèpes sautés et de jeunes légumes blanchis.

Agneau rôti avec pommes de terre sautées aux champignons sauvages

PRÉPARATION

1 *Préparer d'avance une duxelles de champignons en suivant les indications données à la page 152.*

2 *Chauffer le four à 180 °C (350 °F). Désosser la viande et enlever tout le gras. Hacher les os et les rognures et les réserver.*

3 *Parer et hacher la carotte, l'oignon et le céleri.*

4 *Placer les os et les rognures, les légumes et le laurier dans un plat et les cuire 30 minutes au four préchauffé ou jusqu'à ce qu'ils soient dorés.*

5 *Placer les ingrédients dans une casserole en éliminant le gras, ajouter l'eau et le bouillon de veau. Amener à ébullition, écumer puis laissez mijoter 45 minutes.*

6 *Couper l'aubergine en douze tranches, la saupoudrer de sel et la faire dégorger sur de l'essuie-tout. Entre-temps, peler et râper les pommes de terre, les envelopper dans un linge et en extraire le plus d'eau possible.*

Ingrédients

pour 4 personnes

500 g (1 lb) de duxelles* de champignons sauvages (voir recette p. 152)

1 1/2 carré d'agneau (pour un total de 12 côtes)

1 carotte

1 oignon

2 branches de céleri

2 feuilles de laurier

2 litres d'eau

700 ml (3 t.) de bouillon de veau

1 aubergine moyenne

Sel et poivre

4 grosses pommes de terre

4 1/2 c. à soupe d'huile de tournesol

2 tiges de romarin frais (les feuilles hachées)

12 gousses d'ail pelées

4 tiges de romarin frais (pour garnir)

Suite à la page suivante...

... suite de la page précédente

7 Pendant que le bouillon d'agneau mijote, chauffer 2 c. à soupe d'huile dans une grande casserole pouvant aller au four, y presser la moitié des pommes de terre râpées, saler et poivrer au goût. Étendre ce qu'il faut de duxelles pour couvrir les pommes de terre. Placer le reste des pommes de terre par-dessus, assaisonner de nouveau et cuire le tout pendant 10 minutes ou jusqu'à ce que la croûte soit dorée.

8 Retourner délicatement les pommes de terre et les cuire 10 minutes de plus. Les retirer ensuite du feu et les cuire au four préchauffé à 180 °C (375 °F) pendant environ 25 minutes ou jusqu'à ce qu'elles soient bien tendres. Réserver.

9 Le bouillon d'agneau devrait maintenant être prêt. Le passer dans un tamis fin, le remettre dans la casserole et le faire réduire à feu doux en l'écumant souvent. Jeter les os. Le réduire jusqu'à ce qu'il reste environ 300 ml d'un liquide ayant la consistance d'une sauce. Le filtrer de nouveau et le réserver.

10 Assaisonner l'agneau désossé avec du sel, du poivre et le romarin. Chauffer 1/2 c. à soupe d'huile dans une poêle pouvant aller au four et y saisir la viande 3 minutes de chaque côté.

11 Ajouter l'ail pelé et placer la poêle au four à 180 °C (350 °F) pendant 10 minutes ou jusqu'à ce que la viande soit à point.

12 Retirer la viande de la poêle, la placer sur une grille et la couvrir pour la garder chaude. Jeter l'ail dans la sauce préparée.

13 Essuyer la poêle, y chauffer 2 c. à soupe d'huile et frire les tranches d'aubergine en trois ou quatre temps jusqu'à ce qu'elles soient brun doré.

14 Au moment de servir, réchauffer les pommes de terre, l'agneau et les aubergines au four durant quelques minutes. Réchauffer doucement la sauce dans un caquelon.

15 Quand l'agneau est chaud, le couper en douze tranches.

Pour servir: Disposer trois tranches d'aubergine au milieu de chaque assiette. Placer trois tranches d'agneau par-dessus et debout, le côté rose tourné vers l'extérieur et en vous servant d'une tige de romarin comme support central. Verser un peu de sauce sur la viande et tout autour. Disposer les pommes de terre sautées tout autour de la viande. Garnir chaque assiette de quelques gousses d'ail cuit.

Ingrédients

pour 4 personnes

75 g (3 oz) de poireau coupé
en dés

75 g (3 oz) de céleri coupé en
dés

75 g (3 oz) de carotte coupée
en dés

2 noix de beurre

150 g (5 oz) de fèves blanches
mises à tremper la veille

4 x 150 g (5 oz) de darnes de
morue

125 ml (1/2 t.) de crème
épaisse

100 ml (env. 1/2 t.) de crème
fouettée

2 échalotes émincées

200 g (7 oz) de chanterelles

75 g (3 oz) de tomate coupée
en dés

12 langoustines cuites et
décortiquées

Bouillon de langoustine

12 carapaces de langoustine

1 carotte coupée en dés

1 oignon coupé en dés

1 branche de céleri coupée
en dés

1 litre (4 t.) de bouillon
de champignon

1 c. à soupe de persil haché

1. c. à soupe de thym haché

Morue rôtie avec casserole de langoustines, fèves et sauce aux champignons

PRÉPARATION

1 Placer les ingrédients pour faire le bouillon dans une grande casserole. Mijoter 1 heure de manière à obtenir 500 ml (2 t.) de bouillon.

2 Dans une autre casserole, faire revenir le poireau, le céleri et la carotte dans une noix de beurre. Ajouter les fèves et couvrir d'un peu de bouillon. Mijoter pendant 45 minutes ou jusqu'à ce que les fèves soient tendres.

3 Saisir les darnes de morue de chaque côté pendant 20 secondes et finir leur cuisson à four modéré (180° C / 350° F) pendant 7 minutes environ.

4 Amener le bouillon à ébullition puis réduire le feu. Incorporer la crème épaisse et mijoter 5 à 7 minutes pour réduire le bouillon. Ajouter ensuite la crème fouettée, amener vivement à ébullition et retirer du feu. Passer le bouillon au mixeur jusqu'à ce qu'il soit léger et mousseux. Assaisonner au goût.

5 Faire fondre une noix de beurre dans une poêle, y faire sauter les échalotes, les chanterelles et la tomate pendant quelques minutes.

Pour servir: Disposer un lit de fèves blanches au milieu de chaque assiette, une darne de morue par-dessus puis les champignons sautés. Disposer les langoustines tout autour et arroser le tout de sauce.

Crépinettes de pétoncles, épinards et cèpes avec velouté de fèves et de morilles

PRÉPARATION

1 *Ouvrir les coquilles et conserver l'œil blanc de la chair et le filament qui suit le pourtour de chaque coquille. Laver et assécher les pétoncles. Trancher chaque pétoncle en 5 puis en enrober légèrement d'huile les morceaux. Les réserver, de même que les filaments.*

2 *Faire fondre le beurre dans une casserole et y cuire les épinards. Les assaisonner de sel, poivre et muscade puis les réserver.*

3 *Si vous avez des cèpes frais, les blanchir 2 minutes puis les assécher. Séparer les têtes des pieds et trancher ceux-ci en 6 puis les faire sauter dans le reste de l'huile. Réserver.*

4 *Couper le carton d'un rouleau d'essuie-tout à une longueur d'environ 8 cm (3 pouces). Tapisser l'intérieur du rouleau de pellicule de plastique de manière à ce que celle-ci forme comme un sac à l'intérieur du rouleau et que le plastique dépasse en haut du rouleau. Remplir le rouleau en alternant les rangs de pétoncles, de cèpes et d'épinards;*

commencer le remplissage de chaque crépinette par une tranche de pétoncle et finir de même. Quand le sac est rempli, le sortir délicatement du rouleau et en fermer le bout. Répartir également les ingrédients dans les 4 crépinettes. Placer celles-ci au froid pendant 2 heures jusqu'à ce qu'elles soient bien fermes.

5 Enlever alors le plastique des crépinettes et rouler chacune dans un rectangle de crépine de 12 x 15 cm (5 x 6 pouces). Réserver.

6 Pour faire le velouté, faire fondre les filaments des pétoncles dans le beurre pendant 5 minutes. Ajouter le bouillon et l'eau, la sarriette ou le thym et amener à ébullition. Réduire le feu et mijoter 30 minutes. Passer en conservant le bouillon et en jetant les autres ingrédients.

7 Dans le tiers du beurre, faire fondre les échalotes, l'ail et les chapeaux de cèpe 5 minutes. Ajouter le vin blanc et le vermouth et réduire un peu. Ajouter ensuite le bouillon de pétoncles et mijoter 15 minutes. Ajouter 200 g (8 oz) de fèves et la crème et mijoter 5 minutes. Passer le tout au mixeur puis dans un tamis fin. Conserver au chaud.

8 Faire sauter les morilles et le reste des fèves dans l/3 du beurre avec 1 c. à soupe d'eau et du sel et du poivre au goût.

9 Faire dorer les crépinettes dans le reste du beurre dans une poêle pouvant aller au four puis ajouter un peu d'eau et braiser les crépinettes à four doux pendant 3 minutes.

Pour servir: Disposer une crépinette au milieu de chaque assiette et verser le velouté autour. Garnir le plat de morilles et de fèves.

Ingrédients

pour 4 personnes

Crépinettes

4 coquilles Saint-Jacques

1 c. à soupe d'huile d'olive

50 g (2 oz) de beurre non salé

100 g (4 oz) de jeunes épinards lavés à fond

Sel et poivre

Une pincée de muscade

2 cèpes moyens frais ou congelés

100 g (4 oz) de crépine trempée 24 heures pour en éliminer le sang

Velouté

100 g (4 oz) de beurre non salé

200 ml (3/4 t.) de bouillon de poisson ou d'eau, plus 2 c. à soupe d'eau

1 petit bouquet de sarriette ou de thym

4 échalotes finement hachées

1/2 gousse d'ail finement hachée

150 ml (2/3 t.) de vin blanc sec

50 ml (1/5 t.) de vermouth

350 g (12 oz) de fèves fraîches écossées et blanchies

50 ml (1/5 t.) de crème épaisse

50 g (2 oz) de petites morilles fraîches ou séchées (dans ce dernier cas, les faire tremper et bien les laver)

Carpaccio de bœuf, bruschetta et champignons sauvages

PRÉPARATION

1 *Préparer la vinaigrette à l'avance en mêlant tous les ingrédients. Réserver.*

2 *Bien assaisonner les steaks puis les saisir dans une poêle chaude et légèrement huilée juste assez longtemps pour colorer la viande. Les retirer de la poêle et laisser refroidir.*

3 *Préparer la bruschetta en coupant le pain ciabatta en tranches de 5 mm (1/4 de pouce) d'épaisseur. Tremper les tranches dans l'huile d'olive puis les dorer légèrement au four à 150 °C (300 °F).*

4 *Tandis que le pain cuit, chauffer 1 c. à soupe d'huile d'olive dans une poêle et faire sauter les champignons jusqu'à ce qu'ils aient absorbé l'huile et en soient imprégnés. Les retirer de la poêle.*

5 *Arroser la salade d'une partie de la vinaigrette. Sortir la bruschetta du four et la laisser refroidir un peu.*

Pour servir: Placer une tranche de bruschetta dans chaque assiette, la couvrir de salade puis d'un steak. Garnir de champignons, arroser d'un peu de vinaigrette et de parmesan râpé (au goût).

Ingrédients

pour 2 personnes

2 steaks de filet de bœuf de 125 g (4 1/2 oz) chacun

5 c. à soupe d'huile d'olive

2 tranches de pain ciabatta

150 g (5 oz) de champignons sauvages mêlés

100 g (4 oz) de feuilles de salade mélangées et lavées

30 g (1 oz) de parmesan râpé (facultatif)

Vinaigrette

1/2 c. à thé de moutarde de Dijon

2 c. à soupe d'huile d'olive

2 c. à soupe d'huile de tournesol

Une pincée de poivre noir moulu

Une pincée de sel

4 c. à soupe de vinaigre de Cabernet Sauvignon

Lasagnes de langoustines, pieds de porc et truffes

PRÉPARATION

1 *Faire sauter les haricots dans le beurre avec une pincée de sel jusqu'à ce qu'ils soient tendres, puis les réduire en purée dans le mélangeur.*

2 *Rouler la pâte en 12 feuilles fines de 12 x 10 cm (5 x 4 pouces). Les blanchir, passer à l'eau froide puis réserver.*

3 *Verser la crème dans une casserole, l'amener à ébullition et la réduire des deux tiers. Ajouter les carottes, cuire 1 minute puis ajouter la duxelles, la purée de haricots et la truffe hachée. Mijoter 1 minute, retirer du feu, assaisonner puis ajouter le jus de citron.*

4 *Placer une feuille de pâte sur une planche à découper, la garnir du mélange préparé, d'un peu de pied de porc râpé et de 2 queues de langoustine. Couvrir d'une deuxième feuille de pâte et couvrir celle-ci d'une queue de langoustine et d'une tranche de truffe. Placer une troisième feuille de pâte et sceller la pâte avec une fourchette. Faire 3 autres lasagnes.*

5 *Pour faire la sauce, amener le jus de truffe, le bouillon de poulet et les poireaux à ébullition et réduire le mélange du tiers. Ajouter ensuite la truffe et le beurre puis un peu de jus de citron.*

6 *Cuire les lasagnes à la vapeur pendant 6 à 8 minutes.*

Pour servir: Placer une lasagne au milieu de chaque assiette, la couvrir de sauce et garnir de cerfeuil.

Ingrédients

pour 4 personnes

Lasagnes

100 g (4 oz) de haricots verts très fins

Une noix de beurre

Sel et poivre

100 g (4 oz) de pâte italienne fraîche

100 ml (1/2 t.) de crème épaisse

100 g (4 oz) de carottes pelées et coupées en petits cubes

125 g (4 1/2 oz) de duxelles* de champignons (voir recette à la p. 152)

25 g (1 oz) de truffes* (prélever d'abord 4 petites tranches et hacher le reste)

Le jus d'un demi citron

50 g (2 oz) de pied de porc* braisé et râpé

12 langoustines moyennes blanchies puis décortiquées

1/2 bouquet de cerfeuil pour garnir

Sauce

50 ml (1/4 t.) de jus de truffe*

50 ml (1/4 t.) de bouillon de poulet

25 g (1 oz) de blanc de poireau haché

Une tranche de truffe* coupée en julienne

1 c. à thé de beurre froid

Le jus d'un demi citron

Voir glossaire, p. 152-153.

Millefeuilles de saumon, poireau et champignons sauvages de saison

PRÉPARATION

1 *Parer les champignons en éliminant les pieds et en les brossant. Les faire sauter dans 1 c. à soupe d'huile d'olive. Les assaisonner puis les retirer de la poêle et les laisser s'égoutter sur un essuie-tout.*

2 *Laver les poireaux et couper les blancs en tranches d'environ 3-4 cm (1 1/2 pouces) d'épaisseur. Les faire sauter dans 1 c. à soupe d'huile d'olive.*

3 *Peler et laver les panais puis les passer à l'économe et les frire dans l'huile à 180 °C (350 °F) jusqu'à ce qu'ils soient dorés. Les retirer de la friture et laisser s'égoutter sur un essuie-tout.*

4 *Couper chaque filet de saumon en trois bandes. Chauffer l'huile végétale dans une poêle, faire sauter le saumon très légèrement (environ 1 minute de chaque côté). Retirer le poisson de la poêle et le laisser s'égoutter sur un essuie-tout.*

Pour servir: Placer un morceau de saumon au milieu de chaque assiette, le couvrir de poireaux puis de champignons. Répéter l'opération deux fois puis garnir le tout de panais frit, de quelques gouttes d'huile d'olive et de vinaigre balsamique.

Ingrédients

pour 4 personnes

650 g (1 1/2 lb) de champignons sauvages de saison

100 ml (1/2 t.) d'huile d'olive extra vierge

Sel et poivre

2 poireaux

2 panais moyens

1 litre (4 t.) d'huile végétale à friture

4 filets de saumon de 150 g (5 oz) chacun

1 c. à soupe d'huile végétale

50 ml (1/5 t.) de vinaigre balsamique (ou aromatisé) de qualité

Champignons sauvages servis sur rosti au thym avec jeunes pousses de poireau et crème sure

Ingrédients

pour 4 personnes

2 grosses pommes de terre nouvelles

Sel et poivre

50 g (2 oz) de beurre ramolli

50 g (2 oz) de thym haché

50 ml (1/5 t.) d'huile végétale

450 g (1 lb) de champignons sauvages

1 c. à soupe d'huile d'olive extra vierge

4 ciboules (échalotes vertes) hachées

100 g (4 oz) de feuilles d'ail des bois

2 tomates

300 ml (11/5 t.) de crème sure

100 g (4 oz) de jeunes pousses de poireau (ou fèves germées)

PRÉPARATION

1 *Laver, peler et râper les pommes de terre. Saler au goût et laisser reposer quelques minutes. Placer alors les pommes de terre dans un linge et en extraire le plus d'eau possible.*

2 *Mélanger le beurre et le thym avec la pomme de terre et façonner 4 galettes. Frire les galettes des deux côtés dans l'huile végétale jusqu'à ce qu'elles soient dorées et croquantes. Les retirer de la poêle et égoutter.*

3 *Parer les champignons et les faire sauter dans une poêle dans l'huile d'olive. Ajouter la ciboule et les feuilles d'ail des bois et assaisonner. Retirer la poêle du feu.*

4 *Blanchir, peler, couper en quatre et épépiner les tomates et couper chaque quartier en 4 bandes.*

Pour servir: Placer une galette sur chaque assiette et disposer des champignons par-dessus. Ajouter une bonne cuillerée de crème sure. Disposer les bandes de tomates autour et garnir le tout de jeunes pousses de poireau.

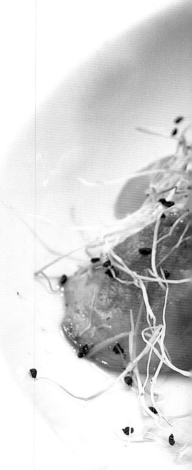

Tagliatelles aux herbes aux petites palourdes, à l'ail et aux cèpes

PRÉPARATION

1 *Chauffer l'huile d'olive dans une poêle à feu moyen et y faire revenir l'ail jusqu'à ce qu'il soit doré.*

2 *Ajouter aussitôt les échalotes et les petites palourdes et couvrir jusqu'à ce qu'elles s'ouvrent.*

3 *Ajouter les cèpes et les faire sauter jusqu'à ce qu'ils soient tendres puis verser le vin. Mijoter le tout à l'étouffée pendant 5 minutes.*

4 *Entre-temps, faire cuire les tagliatelles dans une grande casserole d'eau bouillante salée 2 à 3 minutes ou jusqu'à ce qu'elles soient* al dente *puis les égoutter.*

5 *Ajouter les tagliatelles aux autres ingrédients et mélanger.*

Pour servir: Répartir les tagliatelles dans les assiettes et garnir de persil et de tomate.

Ingrédients

pour 4 personnes

3 c. à soupe d'huile d'olive

5 gousses d'ail pelées et broyées

225 g (8 oz) de petites palourdes dans leurs coquilles

4 échalotes hachées

300 g (11 oz) de cèpes émincés

1 verre de vin blanc

300 g (11 oz) de tagliatelles aux herbes fraîches

Une pincée de sel

1/2 bouquet de persil italien haché

2 c. à soupe de tomate italienne coupée en petits dés

Ingrédients

pour 4 personnes

4 tranches de pain ciabatta

1 gousse d'ail

4 c. à soupe d'huile d'olive

25 g (1oz) de sel marin

50 g (2 oz) d'échalotes
hachées

200 g (7 oz) de chanterelles

200 ml (3/4 t.) de vinaigre de
vin blanc

Poivre noir moulu

4 œufs

200 g (7 oz) de feuilles de
roquette lavées

Pesto

200 g (7 oz) de parmesan râpé

2 gousses d'ail finement
hachées

400 g (14 oz) de basilic frais

75 ml (1/3 t.) d'huile d'olive

Une bonne pincée de poivre
noir moulu

50 g (2 oz) de pignons

Une bonne pincée de sel marin

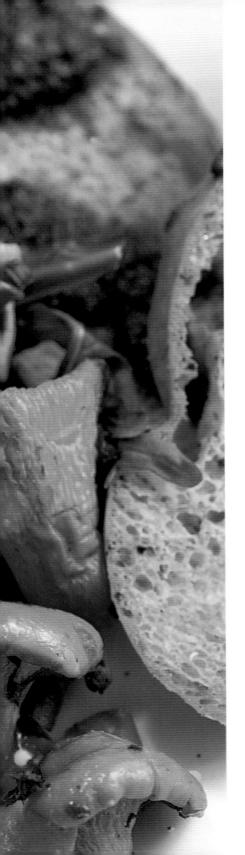

Crostini aux chanterelles, œufs pochés et pesto

PRÉPARATION

1 *Préparer à l'avance le pesto en mélangeant tous les ingrédients requis ou en utilisant du pesto préparé.*

2 *Vous pouvez aussi préparer les crostini d'avance. Frotter les tranches de ciabatta avec l'ail puis les badigeonner d'huile d'olive et les saupoudrer de sel. Les placer sur une plaque puis les cuire au four à 180 °C (350 °F) 20 minutes ou jusqu'à ce qu'elles soient dorées.*

3 *10 minutes avant de servir, réchauffer les crostini à four doux. Entre-temps, chauffer doucement 1 c. à soupe d'huile d'olive dans une poêle puis y faire suer les échalotes jusqu'à ce qu'elles perdent leur couleur.*

4 *Accroître la chaleur puis faire sauter les chanterelles avec les échalotes. Ajouter 25 ml (1 c. à soupe) de vinaigre de vin blanc, du sel marin et poivre noir au goût et faire sauter 1 minute. Retirer la poêle du feu.*

5 *Pocher les œufs 3 minutes dans de l'eau bouillante à laquelle on a ajouté le reste du vinaigre de vin blanc.*

Pour servir: Dans chaque assiette, disposer un crostino sur un lit de feuilles de roquette, y placer les champignons et un œuf poché. Garnir généreusement de pesto.

Feuillantines de cèpes rôtis

PRÉPARATION

1 *Couper la pâte filo en 12 feuilles de 20 cm (8 pouces) carrés.*

2 *Badigeonner chaque feuille de beurre clarifié puis en placer trois l'une par-dessus l'autre dans un angle de 45 °.*

3 *Plier les bords de la pâte de manière à lui donner une forme de tarte ronde. Réserver.*

4 *Chauffer une grande poêle et y verser presque toute l'huile. Faire sauter les cèpes, les échalotes et l'ail jusqu'à ce qu'ils soient dorés. Assaisonner et ajouter le persil et la ciboulette.*

5 *Répartir les cèpes dans les tartes, les arroser d'un peu d'huile et saupoudrer de parmesan. Placer les tartes sur une plaque de four anti-adhésive et les cuire dans un four préchauffé à 180° C (350° F) de 8 à 10 minutes, jusqu'à ce que l'abaisse de la tarte soit dorée.*

Pour servir: Placer les tartes encore chaudes dans les assiettes et les accompagner de salade.

Ingrédients

pour 4 personnes

1 paquet de pâte filo

200 g (7 oz) de beurre non salé clarifié

200 ml (3/4 t.) d'huile d'olive

600 g (1 lb, 6 oz) de cèpes frais ou congelés, coupés en quartiers

3 échalotes émincées

2 gousses d'ail finement hachées

Sel et poivre blanc au goût

1/2 bouquet de persil italien blanchi, passé à l'eau froide puis finement haché

1/2 paquet de ciboulette finement hachée

100 g (4 oz) de parmesan fraîchement râpé

Cuisses de lapin rôties aux olives, au thym et aux portobellos

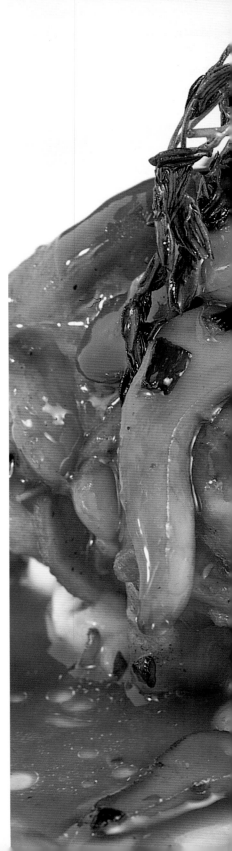

Ingrédients

pour 4 personnes

4 cuisses de lapin désossées

4 gousses d'ail

4 cubes de beurre de 25 g (1 oz) chacun

500 g (1 lb) de mirepoix (partie égale de carotte, oignon, céleri et poireau coupés en petits dés)

500 ml (2 t.) de bouillon de poulet

1 c. à soupe d'huile d'olive

100 g (4 oz) d'échalotes hachées

75 g (3 oz) d'olives noires dénoyautées

2 tiges de thym frais

100 g (4 oz) de fèves

125 g (4 1/2 oz) de portobellos (ou autre champignon à chapeau plat) tranchés

8 grosses pommes de terre pelées

Une noix de beurre

2 c. à soupe de fines herbes

PRÉPARATION

1   *Farcir la cavité de chaque cuisse d'une gousse d'ail et d'un morceau de beurre. Saisir les cuisses dans une grande casserole.*

2   *Retirer les cuisses de la casserole, fermer le feu et placer la mirepoix de légumes au fond de la casserole. Placer les cuisses dessus, verser le bouillon de poulet et couvrir. Braiser le tout 1 heure ou jusqu'à ce que la viande soit cuite.*

3   *Chauffer l'huile dans une poêle et y faire fondre les échalotes. Ajouter les olives noires, 1 tige de thym, les fèves et les portobellos et les cuire doucement. Entre-temps, faire bouillir les pommes de terre, les égoutter et les piler en leur incorporant un peu de beurre et les herbes hachées.*

Pour servir: Disposer un lit de purée de pommes de terre dans chaque assiette et placer une cuisse par-dessus. Couvrir de champignons et d'olives et verser le jus de cuisson des cuisses autour des assiettes.

Saucisson de foie gras et de champignons sauvages

PRÉPARATION

1 *Nettoyer le foie gras (voir p. 152) et le mettre au frais.*

2 *Faire fondre le beurre dans une poêle et y faire revenir les échalotes pendant 1 minute, puis ajouter les champignons et cuire 5 minutes de plus, en remuant souvent le mélange.*

3 *Ajouter la crème et amener à ébullition. Incorporer la gélatine préparée et réduire le feu en brassant bien le mélange pendant 1 minute. Retirer la poêle du feu.*

4 *Mettre le mélange au réfrigérateur et quand il est froid, le placer sur une planche à découper et le rouler en forme de saucisse.*

5 *Sortir le foie gras du réfrigérateur et l'étendre sur la planche à découper. Placer le saucisson sur le foie gras et rouler puis emballer le tout dans une pellicule de plastique.*

6 *Amener un chaudron d'eau à ébullition, y mettre le saucisson (avec sa pellicule), réduire le feu et mijoter le tout 20 minutes. Retirer le saucisson de l'eau et le laisser refroidir un peu avant d'en enlever la pellicule et de le couper en tranches égales.*

Pour servir: Disposer une tranche de saucisson dans chaque assiette et servir avec la salade.

Ingrédients

pour 4 personnes

100 g (4 oz) de foie gras* cru
Une noix de beurre
2 échalotes finement hachées
200 g (7 oz) de champignons sauvages nettoyés et émincés
100 ml (1/2 t.) de crème
2 g (1/8 oz) de gélatine dissoute dans 250 ml (1 t.) d'eau chaude
Feuilles à salade pour garnir

* Voir glossaire, p. 152-153.

Risotto de foie gras et de truffes

PRÉPARATION

1 *Peler et couper le céleri en morceaux de 2,5 cm (1 pouce) de long puis le blanchir quelques secondes en eau salée.*

2 *Trancher la truffe et la mélanger au céleri dans un bol. Assaisonner avec du sel, du poivre, 1 c. à soupe d'huile d'olive et le vinaigre de vin rouge. Laisser mariner 1 heure.*

3 *Chauffer 1 c. à soupe d'huile dans une poêle puis y faire revenir l'oignon jusqu'à ce qu'il soit blond. Ajouter aussitôt le riz et cuire 6 minutes de plus.*

4 *Ajouter assez de bouillon de poulet pour couvrir le riz et le cuire 25 minutes en ajoutant du bouillon au besoin. Le riz obtenu devrait être détrempé mais ne pas nager dans le bouillon. Retirer le riz du feu.*

5 *Assaisonner le riz et y incorporer le mascarpone et l'huile de truffe. Le fromage devrait fondre légèrement au contact du riz.*

6 *Chauffer quelques gouttes d'huile à feu vif dans une poêle puis y faire sauter légèrement les tranches de foie gras. Retirer celles-ci du feu et les servir aussitôt avec le risotto.*

Pour servir: Disposer du risotto dans chaque assiette, le couvrir d'une tranche de foie gras et garnir avec la salade de céleri et de truffes.

Ingrédients

pour 4 personnes

2 branches de céleri
40 g (1 1/2 oz) de truffe* crue
Sel et poivre
2 1/4 c. à soupe d'huile d'olive
1 c. à soupe de vinaigre de vin rouge
1 gros oignon finement haché
320 g (11 1/2 oz) de riz à risotto
800 ml (3 t.) de bouillon de poulet
200 g (7 oz) de fromage mascarpone
2 c. à soupe d'huile de truffe*
75 g (3 oz) de foie gras* cru coupé en 4 tranches

* Voir glossaire, p. 152-153.

Ingrédients

pour 4 personnes

4 c. à soupe d'huile d'arachide

450 g (1 lb) de champignons mélangés (portobellos, pleurotes, morilles)

Sel et poivre

4 œufs

1 c. à soupe de vinaigre de vin blanc

6 échalotes coupées en petits dés

2 gousses d'ail hachées

1 truffe* noire pré-cuite, pelée et coupée en petits dés

3 c. à thé de cerfeuil haché

Note: Les truffes peuvent être achetées déjà cuites et pelées.

* Voir glossaire, p. 152-153.

Ragoût de champignons, œufs pochés et truffes noires

PRÉPARATION

1 *Chauffer 1 c. à soupe d'huile dans une poêle et faire sauter séparément les champignons en les assaisonnant et en ajoutant de l'huile au besoin. Garder les champignons au chaud.*

2 *Pocher les œufs dans de l'eau additionnée de vinaigre de vin pendant 3-4 minutes en vous assurant que les jaunes restent mous.*

3 *Chauffer un peu d'huile dans une poêle et y faire revenir l'échalote et l'ail. Les mélanger avec les champignons.*

Pour servir: Disposer des champignons dans chaque assiette, placer un œuf poché par-dessus puis garnir avec la truffe noire et une bonne pincée de cerfeuil.

Salade de champignons de Paris, fenouil et parmesan

PRÉPARATION

1 Enlever les parties ligneuses du fenouil puis l'émincer. Le placer dans de l'eau citronnée pour le garder croquant et l'empêcher de noircir. Nettoyer les champignons en éliminant les pieds puis les émincer. Hacher la ciboulette.

2 Pour faire la vinaigrette, presser le jus des citrons dans un bol et y ajouter l'ail, du sel et poivre au goût et le sucre. Battre pour bien mélanger. Ajouter un peu de sucre si le mélange est trop acide. Incorporer ensuite ce qu'il faut d'huile d'arachide pour adoucir le goût du citron sans le masquer.

3 Au moment de servir, égoutter le fenouil et le sécher sur un essuie-tout. Le mélanger aux champignons et à la ciboulette dans un bol. Verser la vinaigrette et mélanger le tout.

Pour servir: Disposer la salade dans les assiettes et garnir de parmesan. Servir la salade avec du pain croûté.

Ingrédients

pour 4 personnes

2 pieds de fenouil de Florence
Un bol d'eau citronnée glacée
250 g (8 oz) de boutons de champignons de Paris
1 petit paquet de ciboulette
2 citrons
1 gousse d'ail broyée
Sel et poivre
Une pincée de sucre
150 ml (2/3 t.) d'huile d'arachide
Parmesan grossièrement râpé ou tranché mince

Cœurs d'artichaut aux portobellos géants

PRÉPARATION

1   *Parer chaque artichaut en enlevant les tiges, les feuilles et le foin qui en recouvre le cœur (fond). Faire tremper les cœurs dans l'eau citronnée glacée pour les empêcher de noircir.*

2   *Nettoyer les champignons en n'en gardant que les chapeaux. Les placer sur une plaque, les arroser de 2 c. à soupe d'huile d'olive, les assaisonner et griller à four chaud pendant 15 minutes environ ou jusqu'à ce qu'ils soient tendres. Les retirer du four et garder au chaud.*

3   *Entre-temps, chauffer 2 c. à soupe d'huile d'olive à feu moyen dans une poêle et y faire revenir les échalotes. Dès qu'elles sont fondues, leur ajouter le piment, l'ail et une pincée de sel.*

4   *Couper les cœurs d'artichaut en tranches assez épaisses et les ajouter à la poêle. Cuire le tout quelques minutes en brassant constamment et ajouter juste assez d'eau pour couvrir. Poursuivre la cuisson jusqu'à ce qu'il ne reste presque plus de liquide. Si les artichauts ne sont pas cuits, ajouter un peu d'eau. Vérifier l'assaisonnement et retirer du feu.*

5   *Mélanger le tout avec les feuilles de roquette ou d'épinard.*

Pour servir: Disposer le mélange dans les assiettes. Placer les champignons par-dessus et arroser avec le reste du liquide de cuisson.

Ingrédients

pour 4 personnes

2 gros artichauts

1 bol d'eau citronnée glacée

4 gros portobellos

4 c. à soupe d'huile d'olive

Sel et poivre

2 échalotes finement hachées

Une pincée de piment séché

1 gousse d'ail broyée

Une grosse poignée de feuilles
de roquette ou d'épinard
lavées

Tagliatelles aux morilles et à la crème

PRÉPARATION

1 *Couper les morilles en deux sur le sens de la longueur. Les laver rapidement puis les sécher sur un essuie-tout.*

2 *Faire fondre le beurre dans une poêle et y faire fondre les champignons. Réserver 50 g (2 oz) de morilles pour la garniture.*

3 *Ajouter les échalotes et les faire sauter quelques minutes. Verser le vin et réduire le liquide des deux tiers.*

4 *Entre-temps, amener une casserole d'eau salée à ébullition puis y placer les tagliatelles. Quand l'eau a recommencé à bouillir, réduire le feu et mijoter les pâtes jusqu'à ce qu'elles soient* al dente.

5 *Quand les pâtes sont cuites, verser la crème sur les champignons, amener à ébullition puis réduire le feu au minimum.*

6 *Égoutter les pâtes et les remettre dans la casserole. Verser la crème aux champignons par-dessus et bien mélanger.*

Pour servir: Servir les pâtes dans les assiettes et garnir chacune de morilles.

Ingrédients

pour 4 personnes

430 g (13 oz) de morilles
50 g (2 oz) de beurre
60 g (2 1/2 oz) d'échalotes hachées
200 ml (3/4 t.) de vin blanc
Sel
500 g (1 lb) de tagliatelles
300 ml (1 1/4 t.) de crème épaisse

Terrine de cèpes aux herbes

PRÉPARATION

1 *Mélanger l'ail, les herbes et la moitié des cèpes dans un bol en réservant un peu de persil pour la garniture.*

2 *Ajouter la crème et les œufs battus. Bien mélanger de nouveau et assaisonner de sel et poivre au goût.*

3 *Chauffer la moitié du beurre dans une poêle et y faire sauter le reste des cèpes. Les retirer de la poêle et les incorporer au premier mélange.*

4 *Verser le tout dans une terrine et cuire le plat au four à 190 °C (375 °F) pendant 50 minutes. Retirer la terrine du four et la laisser reposer 5 heures au frais avant de servir.*

5 *Juste avant de servir, parer les chanterelles et les faire sauter dans une poêle avec le reste du beurre. Les retirer de la poêle et passer.*

Pour servir: Couper la terrine en tranches épaisses et en placer une dans chaque assiette. La garnir d'un brin de persil et disposer les chanterelles et la ciboulette autour de l'assiette.

Ingrédients
pour 4 personnes

1 gousse d'ail finement hachée

1 bouquet de persil finement haché

1 bouquet d'aneth finement haché

200 g (7 oz) de cèpes nettoyés et émincés

100 ml (1/2 t.) de crème

3 œufs légèrement battus

Sel et poivre

25 g (1 oz) de beurre

50 g (2 oz) de chanterelles

1 petit paquet de ciboulette hachée

Soupe aux fèves cannellini et aux cèpes

PRÉPARATION

1 *Chauffer la moitié de l'huile dans une casserole puis ajouter l'oignon, le poireau, le céleri et l'ail et les faire revenir jusqu'à ce qu'ils soient tendres.*

2 *Ajouter les fèves, le thym, le laurier et le romarin en gardant un brin de ce dernier pour la garniture. Ajouter le vin et mijoter jusqu'à ce que le liquide réduise. Ajouter le bouillon, amener à ébullition puis mijoter environ 2 1/2 heures ou jusqu'à complète cuisson.*

3 *Quand la soupe est presque prête, assaisonner les fèves. Chauffer le reste de l'huile et y faire sauter les cèpes avec l'ail 2 minutes puis les ajouter à la soupe. Cuire quelques minutes de plus avant de servir.*

Pour servir: Verser une bonne portion de soupe dans chaque bol et garnir chacun d'un tour de moulin de poivre et d'une pincée de romarin.

Ingrédients

pour 4 personnes

2 c. à soupe d'huile végétale de qualité

1 oignon finement haché

1 poireau coupé en petits dés

1/2 pied de céleri coupé en petits dés

2 gousses d'ail hachées

200 g (7 oz) de fèves cannellini* trempées 24 heures en eau froide

1 branche de thym

1 feuille de laurier

3 brins de romarin

50 ml (1/5 t.) de vin blanc

2 litres (8 t.) de bouillon de légumes

Sel et poivre

200 g (7 oz) de cèpes

1 gousse d'ail hachée

* Voir glossaire, p. 152-153.

fusion

- Filets de dorée («John Dory») grillés au jus de céléri-rave et aux mousserons *117*

- Selle d'agneau aux trompettes-de-la-mort *119*

- Jeunes légumes verts et morilles au bouillon de romarin *120*

- Côtelettes de veau grillées avec patates douces et champignons sauvages au Beurre Noisette *123*

- Champignons à la poêle à l'amontillado *124*

- Steaks d'agneau marinés aux cèpes, aubergines et pois chiches *126*

- Tamales de champignons sauvages à la crème sure au basilic *129*

- Salade de champignons crus à la vinaigrette aux betteraves *130*

- Loup de mer au bouillon de champignons aigre-doux *133*

- Salade de trompettes-de-la-mort, topinambours, pommes de terre et grenades *135*

- Loup de mer rôti aux chanterelles, fenouil et tomates *136*

- Champignons de Paris aux lanières d'œuf et à la sauce soya *139*

- Œufs brouillés aux pleurotes et au manchego *141*

- Endives sautées aux shiitakes et aux champignons Monkey Head *142*

- Galettes au romarin et au sésame avec sauté de champignons sauvages, roquette et citron *145*

- Bricks aux chanterelles, pommes de terre, coriandre et œufs *146*

- Champignons à la poêle à la coriandre, au cumin et au citron *149*

- Crème glacée aux champignons Black corn dans un cornet de riz croquant *150*

Ingrédients

pour 4 personnes

1/2 céleri-rave* pelé

4 filets de dorée («John Dory»)
sans la peau

Sel et poivre

2 c. à soupe d'huile d'olive

2 c. à soupe de crème épaisse

Une noix de beurre non salé

300 g (11 oz) de mousserons
nettoyés

125 g (4 1/2 oz) de feuilles de
mizuna équeutées, lavées puis
séchées

1/2 paquet de ciboulette
finement hachée

* Voir glossaire, p. 152-153.

Filets de dorée («John Dory») grillés au jus de céleri-rave et aux mousserons

PRÉPARATION

1 *Passer le céleri-rave dans l'extracteur à jus et réserver.*

2 *Saler et poivrer les filets de dorée puis les bagideonner légèrement d'huile. Les griller des deux côtés sur le barbecue ou sur une plaque en fonte ondulée. Les placer ensuite sur une plaque.*

3 *Verser le jus de céleri-rave dans une casserole et l'amener à ébullition. Ajouter la crème et le beurre et fouetter le mélange.*

4 *Verser 1 c. à soupe d'huile dans une poêle très chaude puis y faire sauter les mousserons 2 minutes environ en les assaisonnant de sel et de poivre. Les retirer de la poêle et égoutter sur un essuie-tout. Faire suer les feuilles de mizuna dans la même poêle à feu doux durant 1 minute puis les retirer et égoutter.*

5 *Placer les filets de poisson sous le gril 4-5 minutes.*

6 *Entre-temps, passer le jus de céleri-rave au mixeur avec la ciboulette et l'assaisonnement.*

Pour servir: Placer des feuilles de mizuna au milieu de chaque assiette puis un filet de dorée par-dessus. Disposer les champignons puis le jus de céleri-rave autour et servir aussitôt.

Selle d'agneau aux trompettes-de-la-mort

PRÉPARATION

1 *Moudre les trompettes-de-la-mort en une poudre semi-fine dans un moulin à poivre.*

2 *Assaisonner l'agneau avec du sel et du poivre. L'enrober de farine, d'œuf battu et de la poudre de trompettes-de-la-mort.*

3 *Hacher les os d'agneau et les placer sur une plaque de métal avec la mirepoix. Cuire à four chaud 30 minutes. Transférer la viande et les légumes dans une casserole, ajouter l'eau et mijoter 30 minutes. Égoutter puis remettre le liquide obtenu dans la casserole et le laisser mijoter 20 minutes pour le réduire du quart. Réserver la sauce en la gardant au chaud.*

4 *Saisir l'agneau dans une poêle de fonte chaude 20 secondes de chaque côté puis mettre la poêle au four et cuire la viande 7 à 8 minutes à 160 °C (325 °F).*

5 *Mélanger le taro, la pomme de terre et l'huile, assaisonner au goût. Façonner le mélange en 4 galettes et frire celles-ci de chaque côté dans une poêle. Les retirer, laisser s'égoutter puis réserver.*

6 *Réduire les oignons en purée au mélangeur. Les mettre dans une casserole puis les cuire doucement. Ajouter 20 g (1 oz) de beurre, du sel et poivre au goût.*

7 *Faire fondre le reste du beurre dans une poêle puis ajouter le lemongrass, les échalotes et le piment. Les faire revenir quelques minutes puis ajouter les pleurotes et les faire sauter. Assaisonner d'un peu de sel.*

Pour servir: Couper chaque morceau de filet en trois tranches. Disposer trois tranches dans chaque assiette et disposer autour la purée d'oignons et les champignons. Arroser de sauce et servir avec les galettes de pommes de terre.

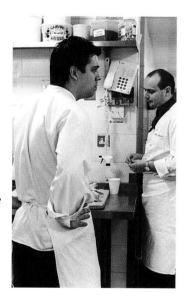

Ingrédients

pour 4 personnes

400 g (14 oz) de trompettes-de-la-mort séchées

2 filets de selle d'agneau coupés en deux morceaux (gras enlevé et os réservés)

Sel et poivre

250 g (1 t.) de farine

3 œufs battus

200 g (7 oz) de mirepoix (parties égales de carotte, poireau, oignon et céleri coupés en petits dés)

500 ml (2 t.) d'eau

250 g (8 oz) de taro* coupé en allumettes à la mandoline

250 g (8 oz) de pommes de terre coupées en allumettes à la mandoline

50 ml (1/4 t.) d'huile végétale

12 ciboules (échalotes vertes), le «vert» émincé et blanchi

30 g (1 1/2 oz) de beurre non salé

1 tige de lemongrass* finement hachée

4 échalotes finement hachées

1/2 piment très finement haché

320 g (11 1/2 oz) de tout petits pleurotes

* Voir glossaire, p. 152-153.

Jeunes légumes verts et morilles au bouillon de romarin

Ingrédients

pour 4 personnes

100 g (4 oz) de fèves pelées

100 g (4 oz) de pois

100 g (4 oz) de pointes d'asperges

100 g (4 oz) de pois mange-tout

100 g (4 oz) de petits haricots verts

120 g (4 1/2 oz) de roquette

120 g (4 1/2 oz) de jeunes épinards

50 g (2 oz) de beurre

300 g (11 oz) de morilles

250 ml (1 t.) de bouillon de poulet ou de légumes

1 branche de romarin

100 ml (1/2 t.) de crème

Sel et poivre blanc moulu

PRÉPARATION

1 *Blanchir les légumes verts tour à tour dans de l'eau salée puis les passer aussitôt en eau froide et laisser s'égoutter sur un essuie-tout.*

2 *Mettre la moitié du beurre dans une casserole et le chauffer jusqu'à ce qu'il commence à mousser.*

3 *Mettre les morilles dans la casserole et les cuire jusqu'à ce qu'elles soient tendres, ajouter ensuite le bouillon et la branche de romarin et réduire de moitié.*

4 *Incorporer la crème, ramener à ébullition puis incorporer le reste du beurre.*

5 *Ajouter les légumes au bouillon sauf la roquette et les épinards. Amener à ébullition puis assaisonner au goût.*

6 *Ajouter la roquette et les épinards. Retirer du feu et servir aussitôt.*

Pour servir: Disposer les légumes au milieu des bols puis les entourer de bouillon.

Côtelettes de veau grillées avec patates douces et champignons sauvages au Beurre Noisette

PRÉPARATION

1 *Cuire les patates douces entières dans de l'eau bouillante salée jusqu'à ce qu'elles soient tendres. Égoutter. Entre-temps, nettoyer les champignons.*

2 *Chauffer le barbecue ou une poêle à griller. Assaisonner la viande puis la badigeonner d'huile. La saisir des deux côtés puis la cuire au goût. Retirer la viande du feu et la garder au chaud.*

3 *Couper les patates douces en diagonale en trois morceaux et les griller.*

4 *Chauffer la moitié du beurre et 1 c. à soupe d'huile d'olive dans une poêle et y faire sauter les champignons. Retirer les champignons de la poêle et les passer.*

5 *Pour faire le beurre noisette, ajouter le reste du beurre à la poêle et le faire roussir. Ajouter aussitôt le jus de veau, les câpres, le jus de citron, assaisonner au goût et chauffer. Entre-temps, préparer la salade en mêlant bien la roquette, 2 c. à soupe d'huile d'olive et le vinaigre balsamique.*

Pour servir: Placer une côtelette au milieu de chaque assiette et la couvrir de champignons. Disposer une tranche de patate douce à côté et la couvrir de Beurre Noisette. Garnir le tout de salade de roquette et d'un quartier de citron.

Ingrédients

pour 4 personnes

2 patates douces (patates sucrées)

Sel et poivre

300 g (11 oz) de champignons sauvages mêlés

4 c. à soupe d'huile d'olive extra vierge

4 côtelettes de veau de 250 g (8 oz) chacune

25 g (1 oz) de beurre

50 ml (1/4 t.) de jus de veau

25 g (1 oz) de câpres

Le jus d'un demi citron

125 g (4 1/2 oz) de roquette

1 c. à soupe de vinaigre balsamique (ou aromatisé)

1 citron coupé en quartiers

Champignons à la poêle à l'amontillado

Ingrédients

pour 4 personnes

Huile d'olive pour couvrir le fond d'une poêle à frire

1 petit oignon finement haché

1 gousse d'ail finement hachée

500 g (1 lb) de champignons (chanterelles, cèpes, trompettes-de-la-mort) nettoyés et tranchés

125 ml (1/2 t.) de vieux sherry ou d'amontillado* ou de fino

1 pincée de muscade râpée

Sel et poivre

3 c. à soupe de persil italien

4 tranches de pain grillées, 1 gousse d'ail et 1 c. à soupe d'huile d'olive

* Voir glossaire, p. 152-153.

PRÉPARATION

1　*Chauffer l'huile d'olive à feu moyen dans la poêle à frire puis y faire fondre l'oignon.*

2　*Ajouter l'ail et cuire 5 minutes sans brûler.*

3　*Augmenter la chaleur, ajouter les champignons et les cuire 1 minute. Incorporer ensuite le sherry et la muscade.*

4　*Cuire le tout 1 minute de plus en ajoutant du sel et du poivre au goût, puis le persil.*

Pour servir: Frotter les tranches de pain grillées avec l'ail, les arroser d'un peu d'huile d'olive puis les couvrir de champignons.

Steaks d'agneau marinés aux cèpes, aubergines et pois chiches

Ingrédients

pour 4 personnes

4 steaks d'agneau

6 c. à soupe d'huile d'olive

Le zeste d'un citron

Quelques brins de thym frais

2 gousses d'ail broyées

4 aubergines

2 oignons rouges hachés

200 g (7 oz) de cèpes

10 g (1/2 oz) de cumin moulu

10 g (1/2 oz) de graines de coriandre moulues

Une bonne pincée de paprika

1 c. à soupe de purée de tomate

4 tomates hachées

1 boîte de 250 g (8 oz) de pois chiches en conserve

2 c. à soupe de feuilles de coriandre hachées

PRÉPARATION

1 *Mariner l'agneau dans 4 c. à soupe d'huile d'olive, le zeste de citron, le thym et l gousse d'ail pendant au moins 24 heures.*

2 *Chauffer 2 c. à soupe d'huile d'olive à feu moyen. Y mettre les aubergines coupées en petits cubes et les faire frire avec l'oignon rouge et le reste de l'ail pour les attendrir.*

3 *Couper les champignons en quartiers et les ajouter à la poêle puis les frire 2 minutes.*

4 *Ajouter les graines de cumin et de coriandre, le paprika et la purée de tomate.*

5 *Ajouter les tomates et amener à ébullition. Mijoter 45 minutes en brassant de temps à autre.*

6 *5 minutes avant la fin de la cuisson, ajouter les pois chiches égouttés.*

7 *Entre-temps, verser un peu de marinade dans une poêle très chaude et y frire les steaks. Les cuire de chaque côté 2 minutes environ.*

8 *Ajouter presque toute la coriandre hachée et retirer du feu.*

Pour servir: Disposer l'agneau et le ragoût de légumes dans les assiettes, garnir avec le reste de la coriandre et arroser de quelques gouttes d'huile d'olive.

Tamales de champignons sauvages à la crème sure au basilic

PRÉPARATION

1 *Faire tremper les cèpes 1 heure en eau tiède, les égoutter et hacher finement. Faire chauffer le four à 190 °C (375 °F).*

2 *Chauffer l'huile d'olive dans une casserole épaisse puis y faire sauter les cèpes et les autres champignons. Assaisonner au goût et retirer de la poêle.*

3 *Faire fondre le beurre dans la casserole et y faire revenir 3 gousses d'ail et le piment jusqu'à ce qu'ils soient tendres. Ajouter les champignons cuits et le vin blanc. Faire réduire le vin puis ajouter le bouillon. Amener à ébullition et ajouter les graines de quinoa. Mijoter jusqu'à ce que les graines soient tendres.*

4 *Ajouter la polenta et cuire quelques minutes de plus. (Le tout devrait avoir la consistance d'un risotto; si tel n'est pas le cas, rajouter du bouillon.) Laisser refroidir.*

5 *Prendre 1/4 du mélange, le rouler en boule puis le placer dans une enveloppe d'épi. Le rouler ensuite en forme de saucisse entre les paumes, puis en tordre les bouts et attacher ceux-ci avec des bandes de feuille. Préparer ainsi les 4 tamales.*

6 *Placer les tamales sur une plaque et les cuire 20 minutes à 190 °C (375 °F). Laisser refroidir.*

7 *Entre-temps, réduire en purée le basilic, la crème sure et l'ail au mélangeur.*

Pour servir: Faire une petite fente au milieu de chaque tamale puis en pousser les bouts pour l'ouvrir comme vous les feriez avec une pomme de terre cuite au four. Garnir de crème sure au basilic et servir avec une salade de roquette et de tomates.

Ingrédients

pour 4 personnes

25 g (1 oz) de cèpes séchés

100 ml (1/2 t.) d'eau tiède

50 ml (1/4 t.) d'huile d'olive

500 g (1 lb) de champignons sauvages

Sel et poivre noir au goût

50 g (2 oz) de beurre

1 oignon blanc très finement haché

3 gousses d'ail hachées

1 gros piment rouge émincé

175 ml (3/4 t.) de vin blanc sec

1 litre (4 t.) de bouillon de poulet

250 g (8 oz) de graines de quinoa*

50 g (2 oz) de polenta

4 enveloppes d'épis de maïs séchées et mises à tremper 6 heures

1 bouquet de basilic

200 ml (3/4 t.) de crème sure

1 gousse d'ail

Une salade de roquette et de tomates

* Voir glossaire, p. 152-153.

Salade de champignons crus à la vinaigrette aux betteraves

PRÉPARATION

1 *Préparer d'abord la vinaigrette en plaçant les betteraves hachées au mixeur avec 2 c. à soupe d'huile d'olive, le vinaigre balsamique, le sel, le poivre et l'eau. Mixer les betteraves jusqu'à ce qu'elles forment une purée lisse. Passer celle-ci dans un tamis puis la réserver.*

2 *Émincer les champignons puis les mettre dans un bol et les assaisonner. Ajouter le jus de citron et 2 c. à soupe d'huile d'olive, bien mélanger et laisser reposer 10 minutes en retournant le mélange à plusieurs reprises.*

3 *Ajouter la roquette et la ciboulette aux champignons et mélanger délicatement le tout.*

Pour servir: Placer quelques tranches de betterave l'une par-dessus l'autre au milieu de chaque assiette et les couvrir de champignons. Verser la vinaigrette aux betteraves et celle des champignons tout autour et servir.

Ingrédients

pour 4 personnes

80 g (3 oz) de betterave cuite et finement hachée

4 c. à soupe d'huile d'olive

2 c. à soupe de vinaigre balsamique (ou aromatisé)

Sel et poivre

3 c. à soupe d'eau

300 g (11 oz) de champignons blancs à chair ferme

Le jus d'un demi citron

2 poignées de roquette

2 c. à soupe de ciboulette finement hachée

200 g (7 oz) de betterave cuite et émincée

Ingrédients

pour 4 personnes

4 noisettes

4 amandes

1 c. à soupe de graines
de coriandre

1 c. à soupe de graines
de sésame

1/2 c. à soupe de poivre noir

150 g (5 oz) de beurre
non salé

1 kg (2 lb, 2 oz) de boutons de
champignons émincés

5 c. à soupe de miel

1 c. à soupe de jus de lime

5 c. à soupe de vinaigre de
sherry

5 c. à soupe de sauce soya

1 litre (4 t.) d'eau de source

4 filets de 100-150 g (4-5 oz)
de loup de mer («sea bass»)
sans arêtes

Sel et poivre

2 c. à table de crème épaisse

75 g (3 oz) de chair de courge
«butternut» coupée en dés et
blanchie

50 g (2 oz) de
trompettes-de-la-mort

50 g (2 oz) de champignons
honshimeji*

4 petits oignons blancs coupés
en deux et blanchis

10 g (1/2 oz) de lardons cuits
et émiettés

100 g (4 oz) de jeunes
épinards hachés

1/2 c. à thé de piment
haché

Jus de lime au goût

Loup de mer au bouillon de champignons aigre-doux

PRÉPARATION

1 *Griller les noisettes, les amandes et les graines de coriandre et de sésame au four sur une plaque. Les retirer, poivrer et moudre dans un moulin à épices.*

2 *Pour faire le bouillon, commencer par faire fondre un peu de beurre dans une poêle et y faire sauter les boutons de champignons en deux ou trois temps jusqu'à ce qu'ils soient dorés, en ajoutant du beurre au besoin. Quand les champignons sont cuits, les remettre dans la poêle, leur ajouter le miel et les cuire jusqu'à ce qu'ils soient caramélisés. Les déglacer ensuite avec le jus de lime.*

3 *Ajouter le vinaigre de sherry, la sauce soya et l'eau, amener à ébullition puis mijoter 30 minutes. Égoutter et réserver.*

4 *10 minutes avant de servir, réchauffer le bouillon. Entre-temps, assaisonner le poisson, en tremper un côté dans la crème puis dans les épices mélangées moulues. Le faire sauter dans une poêle à feu moyen jusqu'à ce qu'il soit doré. Le retirer de la poêle.*

5 *Faire fondre une noix de beurre dans une poêle et y faire sauter la courge, les champignons (tompettes et honshimeji) et les oignons. Ajouter les lardons et les épinards, mélanger et retirer du feu. Assaisonner le bouillon avec le piment, du jus de lime et du sel au goût.*

Pour servir: Disposer les légumes dans les assiettes, verser du bouillon et placer un filet de loup de mer par-dessus. Servir aussitôt.

Salade de trompettes-de-la-mort, topinambours, pommes de terre et grenades

PRÉPARATION

1 *Nettoyer les trompettes-de-la-mort puis les faire mariner au moins 30 minutes avec l'ail, la moitié du jus de grenade, la moitié de l'huile d'olive et la moitié de la menthe.*

2 *Cuire les topinambours et les pommes de terre dans de l'eau salée. Les passer ensuite à l'eau froide, les couper en quartiers et placer dans un grand bol. Leur ajouter l'oignon et le reste de la menthe de même que des graines de grenade.*

3 *Ajouter les champignons et la roquette. Mélanger le reste du jus de grenade, l'huile d'olive et le vinaigre et en arroser la salade en réservant un peu de vinaigrette.*

Pour servir: Disposer la salade dans les assiettes, l'arroser avec le reste de la vinaigrette et garnir avec quelques graines de grenade.

Ingrédients

pour 4 personnes

300 g (11 oz) de trompettes-de-la-mort

1 gousse d'ail broyée

1 grenade, le jus et quelques graines entières

250 ml (1 t.) d'huile d'olive

50 g (2 oz) de menthe

300 g (11 oz) de topinambours*

300 g (11 oz) de pommes de terre nouvelles

Sel

1 oignon rouge haché

2 grosses poignées de roquette

50 ml (1/4 t.) de vinaigre balsamique (ou aromatisé)

* Voir glossaire, p. 152-153.

Loup de mer rôti aux chanterelles, fenouil et tomates

Ingrédients

pour 4 personnes

2 tomates italiennes

1-2 c. à soupe d'huile d'olive extra vierge

4 petits fenouils de Florence parés (en conservant les rognures)

Sel et poivre

200 g (7 oz) de chanterelles fraîches

2 loups de mer («sea bass») de 1 kg (2 lb, 2 oz) chacun, vidés, têtes et queues enlevées et coupés en deux sur le sens de la largeur

100 g (4 oz) d'olives fraîches

4 c. à soupe de bouillon de poisson

50 g (2 oz) de beurre non salé

1 gros citron coupé en quartiers

PRÉPARATION

1 *Couper les tomates en deux et les placer avec les rognures de fenouil sur une plaque légèrement huilée. Les assaisonner et badigeonner d'huile d'olive puis les rôtir 20 minutes au four préchauffé à 240 °C (475 °F). Les retirer et laisser refroidir. Garder le four à 200 °C (400 °F).*

2 *Entre-temps, blanchir les fenouils puis les passer à l'eau froide. Les couper en deux sur le sens de la longueur, enlever le cœur et couper le reste en fines lanières. Nettoyer les chanterelles et les réserver.*

3 *Saisir le poisson rapidement dans une poêle très chaude, le mettre ensuite au four 8 minutes ou jusqu'à ce qu'il soit cuit.*

4 *Pendant ce temps, griller le fenouil sur un barbecue. (Si vous le cuisez au four, placez-le sur une plaque légèrement huilée puis mettez-le au four 15 minutes avant de cuire le poisson.)*

5 *Mettre les olives dans le bouillon de poisson et laisser chauffer à feu doux. Entre-temps, faire revenir les chanterelles dans le beurre.*

Pour servir: Placer un morceau de poisson dans chaque assiette puis le garnir de tomates, d'olives, de chanterelles, de fenouil et d'un quartier de citron. Verser un peu de bouillon de poisson (ou de salsa verde) par-dessus.

Champignons de Paris aux lanières d'œuf et à la sauce soya

PRÉPARATION

1 *Pour faire les lanières d'œuf, battre d'abord 3 œufs avec une pincée de sel et de poivre, une pincée de sucre et 1 c. à soupe d'eau. Huiler légèrement une poêle anti-adhésive et la chauffer à feu moyen. Verser assez d'œuf battu pour couvrir le fond de la poêle et répartir le mélange également. Cuire l'omelette jusqu'à ce qu'elle soit sèche en évitant que la croûte ne brunisse. Laisser refroidir l'omelette et répéter l'opération avec le reste du mélange.*

2 *Quand elles sont refroidies, rouler les omelettes et les couper en lanières de 5 mm (1/4 de pouce) d'épaisseur.*

3 *Mettre l'ail et le gingembre dans une petite casserole avec la sauce soya, le reste de l'eau, une pincée de sucre et de poivre et amener à ébullition. Réduire le feu et mijoter jusqu'à ce que le liquide ait réduit de moitié. Enlever alors le gingembre et l'ail.*

4 *Verser l'huile de sésame dans une grande poêle chaude et faire sauter les champignons à feu vif quelques minutes, puis ajouter la sauce préparée. Réduire le feu et cuire le tout 15 minutes jusqu'à ce que le liquide forme un sirop épais.*

5 *Incorporer délicatement les lanières d'œuf aux champignons. Servir aussitôt.*

Pour servir: Répartir le mélange dans les assiettes et garnir de ciboules émincées et de graines de sésame rôties.

Ingrédients

pour 4 personnes

3 œufs

Sel et poivre

2 pincées de sucre

150 ml (2/3 t.) d'eau

1/2 c. à soupe d'huile végétale

1 gousse d'ail finement hachée

Un morceau de 2,5 cm (1 pouce) de gingembre frais finement haché

150 ml (2/3 t.) de sauce soya

2 c. à soupe d'huile de sésame

250 g (8 oz) de boutons de champignons de Paris

2 ciboules (échalotes vertes) émincées

Quelques cuillers à soupe de graines de sésame rôties

Ingrédients

pour 4 personnes

8 œufs

200 ml (3/4 t.) de crème épaisse

Sel et poivre

3 c. à soupe d'huile d'olive

500 g (1 lb) de pleurotes

4 gousses d'ail hachées

Un bouquet de persil italien haché

200 g (7 oz) de fromage manchego* râpé

4 tranches de pain rôti

* Voir glossaire, p. 152-153.

Œufs brouillés aux pleurotes et au manchego

PRÉPARATION

1 *Battre les œufs avec la crème et assaisonner au goût. Réserver.*

2 *Chauffer 2 c. à soupe d'huile jusqu'à ce qu'elle soit fumante et faire sauter les champignons jusqu'à ce qu'ils soient dorés.*

3 *Ajouter l'ail, cuire 1 minute puis ajouter la moitié du persil. Assaisonner de nouveau. Retirer les champignons de la poêle et les réserver.*

4 *Chauffer 1 c. à soupe d'huile dans la même poêle puis ajouter le mélange d'œufs et de crème en tournant jusqu'à ce que le mélange ait la consistance d'une crème épaisse. Ne pas trop cuire.*

5 *Incorporer la moitié des champignons et la moitié du fromage et retirer du feu.*

Pour servir: Disposer les œufs sur les tranches de pain, les couvrir du reste du fromage et des champignons. Garnir de persil.

Endives sautées aux shiitakes et aux champignons Monkey Head

Ingrédients

pour 4 personnes

8 petites endives
Sel
50 g (2 oz) de beurre
50 ml (1/4 t.) d'huile de noix
1 oignon rouge finement haché
225 g (8 oz) de champignons Monkey Head*
225 g (8 oz) de shiitakes
50 g (2 oz) de feuilles de pissenlit
50 g (2 oz) de roquette
1 citron (le jus)
600 ml (2 1/2 t.) de bouillon concentré de champignon
25 g (1 oz) de cèpes séchés
600 ml (2 1/2 t.) de crème épaisse

* Voir glossaire, p. 152-153.

PRÉPARATION

1 *Blanchir les endives dans de l'eau salée puis les passer aussitôt sous l'eau froide. Les couper en deux sur le sens de la longueur. Chauffer le beurre et l'huile de noix dans une poêle puis y faire sauter les endives. Les retirer de la poêle.*

2 *Faire sauter l'oignon dans la poêle avec les champignons (sauf les cèpes). Les réserver. Entre-temps, mélanger les feuilles de pissenlit et de roquette avec le jus de citron.*

3 *Préparer la sauce en amenant le bouillon de champignons à ébullition puis en le faisant réduire de moitié. Ajouter les cèpes et la crème au bouillon et ramener à ébullition. Retirer aussitôt la sauce du feu.*

Pour servir: Placer 4 morceaux d'endive dans chaque assiette. Ajouter ensuite la salade et les champignons puis napper le tout de sauce.

Galettes au romarin et au sésame avec sauté de champignons sauvages, roquette et citron

PRÉPARATION

1 *Préparer les galettes d'avance. Mélanger la levure et 300 g (11 oz) de farine dans un bol et leur incorporer l'eau petit à petit. Couvrir d'un linge et laisser le mélange dans un endroit chaud pendant 25 minutes.*

2 *Mettre 450 g (1 lb) de farine et le sel dans un grand bol. Ajouter le premier mélange et la moitié de l'huile et faire une pâte. Pétrir celle-ci jusqu'à ce qu'elle soit lisse et élastique. La placer dans un bol huilé et laisser lever jusqu'à ce qu'elle ait doublé de volume.*

3 *Couper la pâte en 8 morceaux et les façonner, au rouleau à pâte, en galettes. Les placer sur une plaque, couvrir et laisser lever 15 minutes. Les rouler de nouveau puis les badigeonner d'huile et les garnir de romarin et de graines de sésame. Les cuire 10 minutes dans un four préchauffé à 200 °C (400 °F) jusqu'à ce qu'elles soient dorées. Garder au chaud.*

4 *Chauffer le beurre et la moitié de l'huile dans une grande poêle et faire sauter les champignons. Les retirer et égoutter. Arroser la roquette avec le reste de l'huile d'olive et assaisonner au goût.*

Pour servir: Placer une galette dans chaque assiette. Disposer les champignons sur une moitié de la galette et garnir l'autre moitié avec la salade et le quartier de citron.

Ingrédients

pour 4 personnes

50 g (2 oz) de beurre non salé

100 ml (1/2 t.) d'huile d'olive extra vierge

300 g (11 oz) de champignons sauvages mêlés parés

125 g (4 1/2 oz) de roquette

Sel et poivre

1 gros citron coupé en quartiers

Galettes

1 c. à thé de levure sèche

300 g (11 oz) de farine

500 ml (2 t.) d'eau tiède

Une bonne pincée de sel

450 g (1 lb) de farine

75 ml (1/3 t.) d'huile d'olive

2 c. à soupe de graines de sésame

2 c. à soupe de romarin haché

Bricks aux chanterelles, pommes de terre, coriandre et œufs

Ingrédients

pour 4 personnes

3 pommes de terre moyennes

Une noix de beurre

2 c. à soupe de lait

300 g (11 oz) de chanterelles

1 c. à soupe d'huile végétale

1 piment rouge épépiné et haché

2 gousses d'ail broyées

1 oignon rouge haché

100 g (4 oz) d'olives noires dénoyautées hachées

1/2 bouquet de coriandre hachée

Sel et poivre

8 feuillets de pâte à rouleau de printemps

4 jaunes d'œuf

Huile pour friture

Une poignée de feuilles à salade verte

PRÉPARATION

1 *Cuire les pommes de terre puis les piler avec un peu de beurre et de lait.*

2 *Parer les chanterelles. Chauffer l'huile dans une poêle, y faire sauter les chanterelles avec le piment et l'ail jusqu'à ce qu'elles soient tendres.*

3 *Mélanger l'oignon, les olives et la coriandre aux pommes de terre et assaisonner.*

4 *Disposer un peu de pommes de terre au milieu de 4 feuillets de pâte en faisant un puits au milieu de la purée.*

5 *Placer un jaune d'œuf dans le puits puis disposer les chanterelles par-dessus. Plier les bouts de la pâte de manière à former un carré. Enrober le tout dans un autre feuillet de pâte. Bien fermer.*

6 *Faire frire les bricks dans l'huile bouillante 2 à 3 minutes jusqu'à ce qu'ils soient dorés. Égoutter un peu sur un essuie-tout puis servir aussitôt.*

Pour servir: Couper les bricks en deux puis les disposer dans les assiettes avec un peu de feuilles à salade vertes.

Champignons à la poêle à la coriandre, au cumin et au citron

PRÉPARATION

1 *Avant de commencer la cuisson, préparer tous les ingrédients.*

2 *Chauffer l'huile dans une grande poêle à feu moyen-élevé et y faire revenir l'ail.*

3 *Dès que l'ail est doré, ajouter les champignons et le cumin.*

4 *Brasser le tout 1 à 2 minutes puis ajouter la coriandre, le sel, le poivre et le jus de citron. Cuire quelques secondes de plus et retirer du feu.*

Pour servir: Servir sur des galettes (voir recette p. 145) avec une grosse cuillerée de yogourt épicé et une salade.

Ingrédients

pour 4 personnes

Huile d'olive pour couvrir le fond de la poêle

2 gousses d'ail grossièrement hachées

500 g (1 lb) de champignons sauvages parés et émincés (chanterelles, cèpes, trompettes-de-la-mort)

1/2 c. à thé de cumin moulu

3 c. à soupe de coriandre grossièrement hachée

Sel et poivre

Le jus d'un citron

4 galettes (voir p. 145)

4 c. à soupe de yogourt épicé avec du sel, du poivre, du cumin moulu et de l'ail broyé

Une poignée de feuilles à salade mêlées

Crème glacée aux champignons Black corn dans un cornet de riz croquant

Ingrédients

pour 2 personnes

500 ml (2 t.) de lait

500 ml (2 t.) de crème épaisse

12 jaunes d'œuf

200 g (7 oz) de sucre en poudre

1 gousse de vanille

250 g (8 oz) de champignons Black corn* (vendus congelés) réduits en purée au mélangeur

2 c. à soupe d'huile végétale

Cornet de riz

100 g (4 oz) de riz glutineux ou thaïlandais

1 litre (4 t.) d'eau

250 g (8 oz) de sucre en poudre

Grains de maïs séchés

2 c. à soupe de grains de maïs

1 c. à soupe de sucre en poudre

Note: Pour de meilleurs résultats, se servir d'une sorbetière.

* Voir glossaire, p. 152-153.

PRÉPARATION

1 *Préparer les cornets de riz et les grains de maïs la veille. Mélanger l'eau et le riz et cuire celui-ci à feu doux jusqu'à ce qu'il soit tendre. Dissoudre le sucre dans le riz et retirer du feu. Laisser refroidir 5 minutes puis disposer le mélange en une fine couche sur une plaque tapissée de papier sulfurisé. Cuire 10 heures au four à feu très doux ou jusqu'à ce que la pâte soit sèche. Étendre les grains de maïs sur une plaque tapissée de papier, les saupoudrer de sucre et les placer dans le même four pendant 10 heures.*

2 *Pour faire la crème glacée, amener le lait et la crème à ébullition avec la gousse de vanille. Battre les jaunes d'œuf et le sucre ensemble puis y ajouter 1/4 du lait et de la crème. Verser ensuite ce mélange dans la crème chaude. Cuire ensuite à feu doux 5-10 minutes jusqu'à ce que le mélange reste collé au dos d'une cuiller quand on y plonge celle-ci. Retirer la vanille, placer la casserole dans un bain d'eau glacée et incorporer la purée de champignons. Mettre le tout au congélateur ou dans la sorbetière.*

3 *Chauffer l'huile dans une grande poêle puis y frire la feuille de riz coupée en deux pendant 1 minute. Retirer chaque feuille de la poêle puis, avec des gants isolants, la mouler sur un bol tourné à l'envers. Refroidir et servir.*

Pour servir: Remplir les cornets de crème glacée et garnir de grains de maïs.

glossaire

Amontillado
Un sherry vieilli de couleur ambrée.

Asa fœtida
Extrait de racine indienne qui donne un goût piquant à divers plats orientaux.

Badiane (ou Anis étoilé)
Une des épices orientales de base, en forme d'étoile. La badiane goûte l'anis et relève tous les plats de poissons ou de fruits de mer.

Black corn (champignon)
Un champignon au goût sucré qui croît sur le maïs.

Cannellini (fèves)
Fèves blanches au goût de noix disponibles fraîches en été et en conserve à l'année longue. Les fèves séchées doivent être mises à tremper la veille. Les fèves cannellini sont originaires d'Argentine et sont utilisées dans beaucoup de soupes et de ragoûts italiens.

Céleri-rave
Un légume-racine au goût de céleri. Une fois pelé, on peut l'utiliser cru coupé en julienne dans les salades, râpé dans les vinaigrettes ou cuit dans les soupes et les sauces.

Chaat Masala
Un mélange de poudre d'épices indiennes comprenant du clou de girofle, du cumin, du piment, de la menthe, du sel gemme, du gingembre et de la mangue séchée.

Cha-Soba
Nouilles de sarrazin japonaises au thé vert.

Curry (feuilles de)
Plante aromatique qu'on peut acheter fraîche ou séchée dans les épiceries orientales.

Daikon
Long radis blanc utilisé dans les cuisines japonaise, coréenne et chinoise. On s'en sert le plus souvent cru, émincé ou râpé.

Duxelles
Mélange de champignons cuits et séchés employé pour donner plus de goût aux soupes et aux ragoûts. En voici la recette de base:

Ingrédients

1 c. à thé de beurre
1/2 oignon finement haché
500 g (1 lb, 2 oz) de champignons au choix finement hachés
Sel et poivre

Préparation

Faire fondre le beurre dans une poêle puis y faire revenir l'oignon. Ajouter les champignons, assaisonner et cuire à feu vif en tournant jusqu'à ce que le liquide se soit évaporé et qu'il ne reste plus qu'un mélange sec et concentré.

Fenouil de mer (ou Saint-Pierre)
*Plante (*Crithmum maritimum*) croissant au bord de la mer et dont on se sert en France et en Angleterre pour aromatiser les plats de poisson. On peut l'utiliser bouillie, cuite à la vapeur, blanchie ou marinée.*

Fèves noires
Fèves chinoises savoureuses disponibles en sauce («black bean sauce»), en conserve ou séchées. Il faut les utiliser avec parcimonie car elles sont très salées.

Foie gras
Foie engraissé de canard ou d'oie qu'on peut acheter cru dans certaines épiceries spécialisées.

Le foie a alors la forme de deux lobes qui doivent être fendus et débarrassés de leurs veines et des vestiges de vésicule biliaire qui s'y trouvent. Si on s'en sert dans une terrine, le foie gras doit être cuit lentement à feu doux. On peut aussi le trancher et le faire sauter dans le beurre pour le servir avec des fruits ou dans une salade.

Galanga

Une variété de gingembre au goût très piquant utilisé en cuisine orientale.

Gingembre mariné

Tranches fines et rose pâle de gingembre marinées pour leur donner un goût légèrement aigre-doux. On s'en sert pour accompagner les sashimi et les sushi.

Gombo

Légume en forme de gousse verte et mucilagineux dont on se sert pour épaissir les ragoûts et le fameux «gombo» louisianais.

Honshimeji

Champignon japonais au chapeau rond et à la chair grisâtre.

Konbu

Algue marine utilisée dans beaucoup de soupes et bouillons japonais.

Lemongrass

Plante herbacée parfumée très utilisée dans les cuisines de l'Asie du Sud-Est. La tige doit être pelée et seule la partie blanche utilisée. On le coupe le plus souvent en morceaux qu'on ajoute aux soupes et aux ragoûts et qu'on enlève au moment de servir. Si la plante n'est pas disponible fraîche, se servir alors de lemongrass congelé, séché ou pulvérisé.

Lotus (racine de)

La racine d'un lis d'eau utilisée dans les cuisines chinoise et japonaise. On s'en sert le plus souvent pelée, émincée et frite.

Manchego

Fromage de lait de brebis de la région de la Mancha en Espagne.

Masa harina

Maïs séché et moulu dont on se sert pour faire la pâte de tamale.

Mirin

Vin de riz sucré utilisé surtout dans les sauces, les marinades et le riz sushi.

Monkey Head (champignon)

Champignon oriental blanc et de la grosseur d'une balle de tennis et couvert de petits aiguillons qui lui donnent un aspect hirsute.

Nori

Algue japonaise plate et croquante utilisée pour faire les rouleaux de sushi. On peut aussi s'en servir râpée comme garniture.

Pieds de porc

Riches en gélatine, les pieds de porc sont le plus souvent mijotés dans un bouillon puis frits ou grillés.

Ponzu

Vinaigrette japonaise comprenant de la lime musquée, du vinaigre et de la sauce soya. On s'en sert aussi comme marinade.

Quinoa

Variété de chénopode originaire d'Amérique du Sud et dont les graines sont très nutritives.

Ragoût

Le mot s'applique au traditionnel plat de légumes et de viande, mais aussi à d'autres plats cuits à l'étouffée.

Shiso

Plante aux feuilles au goût poivré et dont on se sert crues pour garnir divers plats.

Tamales

Plat mexicain comprenant le plus souvent des légumes, des herbes et de la viande enveloppés dans une pâte de maïs et cuits à la vapeur dans des enveloppes d'épi de maïs.

Taro

Tubercule cultivé en Asie et dans les Caraïbes très savoureux quand il est frit.

Topinambour

Tubercule originaire d'Amérique du Nord qu'on emploie comme la pomme de terre, frit, bouilli ou cuit au four. Le plus souvent, pour éviter qu'il ne se décolore, on le blanchit avant de s'en servir.

Truffes

Les deux variétes les plus courantes de ce champignon rare sont la truffe noire du Périgord – la plus estimée – et la truffe blanche d'Italie. En saison de la mi-novembre jusqu'à mars, la truffe noire a une texture friable et une saveur qui rappelle un peu celle de la vanille. Brillat-Savarin l'appelait le «diamant noir» de la gastronomie. La truffe blanche, elle, a la peau lisse et beige et la chair ferme. On s'en sert surtout râpée pour garnir les plats de pâtes et de risotto.

Wasabi

Pâte de radis japonaise servie avec les sushi.

c o l l a b o r a t e u r s

Christian Delteil

BANK

◆ *Carpaccio de bœuf, bruschetta et champignons
sauvages (p. 82)*

◆ *Crostini aux chanterelles, œufs pochés et pesto
(p. 92)*

◆ *Tagliatelles aux morilles et à la crème (p. 108)*

Henry Brereton

CANTALOUPE

◆ *Côtelettes de veau grillées avec patates douces et
champignons sauvages au Beurre Noisette (p. 122)*

◆ *Loup de mer rôti aux chanterelles, fenouil
et tomates (p. 136)*

◆ *Galettes au romarin et au sésame avec sauté
de champignons sauvages, roquette et citron
(p. 144)*

Cyrus Todiwala

CAFE SPICE NAMASTE

◆ *Sukha Masala aux pleurotes (p. 16)*

◆ *Énokis au gingembre, à l'ail et aux piments
(p. 26)*

◆ *Champignons à la mandchourienne (p. 32)*

◆ *Champignons à la sauce à l'ail (p. 42)*

Adrian Searing

CHRISTOPHER'S

◆ *Croûtes de champignons grillés à la sauce au
steak texan (p. 62)*

◆ *Tamales aux morilles, Pico de Gallo et huile
de coriandre (p. 66)*

◆ *Agneau rôti avec pommes de terre sautées aux
champignons sauvages (p. 75)*

Adam Gray
COAST

◆ *Feuillantines de cèpes rôtis (p. 94)*

◆ *Filets de dorée grillés au jus de*
céleri-rave et aux mousserons (p. 116)

◆ *Jeunes légumes verts et morilles au*
bouillon de romarin (p. 120)

Chris Benians
DAPHNES

◆ *Angelot aux palourdes, asperges et*
trompettes-de-la-mort (p. 68)

◆ *Pigeonneaux aux champignons*
sauvages et risotto Barolo (p. 70)

◆ *Soupe aux fèves cannellini et aux cèpes*
(p. 112)

Stephen Wheeler,
Giuseppe Silvestre
THE GEORGIAN, HARRODS

◆ *Morue rôtie avec casserole de*
langoustines, fèves et sauce aux
champignons (p. 78)

◆ *Tagliatelles aux herbes aux petites*
palourdes, à l'ail et aux cèpes (p. 90)

◆ *Cuisses de lapin rôties aux olives, au*
thym et aux portobellos (p. 96)

Cass Titcombe
COLLECTION

◆ *Rouleaux de pleurotes et de shiitakes*
(p. 50)

◆ *Sashimi de thon et salade de shiitakes*
(p. 58)

◆ *Tamales de champignons sauvages à la*
crème sure au basilic (p. 128)

Heston Blumenthal
FAT DUCK

◆ *Saucisses de porc avec purée de*
chou-fleur caramélisé (p. 72)

◆ *Crépinettes de pétoncles, épinards et*
cèpes avec velouté de fèves et de morilles
(p. 80)

◆ *Lasagnes de langoustines, pieds de porc*
et truffes (p. 84)

Patrick Williams
GREEN'S RESTAURANT

◆ *Millefeuilles de saumon, poireau et*
champignons sauvages de saison (p. 86)

◆ *Champignons sauvages servis sur rosti*
au thym avec jeunes pousses de poireau
et crème sure (p. 88)

◆ *Ragoût de champignons, œufs pochés*
et truffes noires (p. 102)

◆ *Endives sautées aux shiitakes et aux*
champignons Monkey Head» (p. 142)

Thierry Laborde

THE ICON

◆ *Saucisson de foie gras et de champignons sauvages (p. 98)*

◆ *Risotto de foie gras et de truffes (p. 100)*

◆ *Terrine de cèpes aux herbes (p. 110)*

Samantha Clark

MORO

◆ *Champignons à la poêle à l'amontillado (p. 124)*

◆ *Œufs brouillés aux pleurotes et au manchego (p. 140)*

◆ *Champignons à la poêle à la coriandre, au cumin et au citron (p. 148)*

Craig Grey

MASH

◆ *Ragoût-surprise aux champignons (p. 64)*

◆ *Salade de champignons crus à la vinaigrette aux betteraves (p. 130)*

James McMurrough,

Jason Sant

PASHA

◆ *Steaks d'agneau marinés aux cèpes, aubergines et pois chiches (p. 126)*

◆ *Salade de trompettes-de-la-mort, topinambours, pommes de terre et grenades (p. 134)*

◆ *Bricks aux chanterelles, pommes de terre, coriandre et œufs (p. 146)*

Mark Gregory
T'SU

◆ *Maki-Zushi végétarien aux champignons, avocat et marinade (p. 20)*

◆ *Poulet au gingembre et au lemongrass rôti avec nouilles Cha-Soba (p. 34)*

◆ *Tataki de thon aux ciboules et salade de champignons (p. 40)*

Daniel Del Vecchio,
Shaun Gilmore
VONG

◆ *Salade d'asperges, d'énokis et de piments (p. 18)*

◆ *Selle d'agneau aux trompettes-de-la-mort (p. 118)*

◆ *Loup de mer au bouillon de champignons aigre-doux (p. 132)*

◆ *Crème glacée aux champignons Black corn dans un cornet de riz croquant (p. 150)*

Ngoc Mai Henry
WOK WOK

◆ *Champignons et gingembre frits (p. 38)*

◆ *Nouilles frites et légumes verts chinois aux fèves noires et aux shiitakes (p. 44)*

◆ *Légumes verts chinois aux shiitakes et à la sauce aux fèves noires (p. 46)*

◆ *Curry malaisien aux champignons (p. 48)*

◆ *Tom Kha Hed (p. 56)*

Rosalind Carrarini
VILLANDRY

◆ *Champignons de Paris, fenouil et parmesan (p. 104)*

◆ *Cœurs d'artichaut aux portobellos géants (p. 106)*

◆ *Champignons de Paris aux lanières d'œuf et à la sauce soya (p. 138)*

David Chia, Graham Harris,
Adrian McCormack
WAGAMAMA

◆ *Zasai Gohan (p. 22)*

◆ *Yasai Chilli Men (p. 29)*

◆ *Moyashi Soba (p. 54)*

Chris Kwan
ZEN CENTRAL

◆ *Filets de poulet et champignons frits à la sauce sichuanaise (p. 24)*

◆ *Pleurotes à la sauce aux fèves noires (p. 36)*

◆ *Boutons de champignons croquants au poivre noir, sel et piments (p. 52)*

index des recettes

(champs. = champignons)
(s. = sauvages)

Black corn (champignons) 152
crème glacée aux 150

Boutons de champignons 8
voir aussi Champignons de couche
à la mandchourienne 33
croquants au poivre, sel et piments 52
en ragoût-surprise 65
loup de mer et bouillon aigre-doux 133
moyashi soba 55
saucisses de porc et chou-fleur 73
tataki de thon et salade de champs. 40
tom kha hed 56
yasai chilli men 29

Cèpes 11
voir aussi Champignons sauvages mêlés
crépinettes de pétoncles, épinards et cèpes 80
endives sautées aux champs. 142
feuillantines de cèpes rôtis 95
pigeonneaux aux champs. s. et risotto 70
steaks d'agneau aux cèpes 126
tagliatelles aux herbes et cèpes 91
tamales de champs. s. à la crème sure au basilic 129
terrine de cèpes aux herbes 110

Chanterelles (ou Girolles) 8
voir aussi Champignons sauvages mêlés
bricks aux chanterelles et œufs 146
crostini aux chanterelles, œufs et pesto 93
loup de mer aux chanterelles et fenouil 136
morue rôtie et sauce aux chanterelles 79
ragoût-surprise aux champs. 65
terrine de cèpes aux herbes 110

Champignons mêlés
voir aussi Champignons sauvages mêlés
champs. à la sauce à l'ail 43
duxelles 152
lasagnes de langoustines, pieds de porc et truffes 84
salade de champs. crus aux betteraves 130

Champignons sauvages mêlés
agneau rôti et sauce aux champs. s. 75
carpaccio de bœuf, bruschetta et champs. s. 83
champs. à la poêle à la coriandre 149
champs. à la poêle à l'amontillado 124
champs. à la sauce au steak texane 63
champs. et gingembre frits 39
champs. s. servis sur rosti au thym 88

côtelettes de veau aux champs. s. 123
galettes au romarin, sésame et champs. s. 145
millefeuilles au saumon, poireau et champs. s. 87
pigeonneaux aux champs. s. et risotto 70
ragoût de champs., œufs et truffes 103
saucisson de foie gras et champs. s. 99
tamales de champs. s. à la crème sure au basilic 129
tamales aux morilles 67

Champignons de couche (dits de Paris) 8
champs. de Paris aux lanières d'œuf 139
salade de champs. de Paris, fenouil et parmesan 105

Crème glacée
aux champs. Black corn 150

Duxelles
recette 152

Énokis 8
énokis en garniture 55
énokis au gingembre, ail et piments 26
salade d'asperges, énokis et piments 18

Girolles (voir Chanterelles)

Honshimejis (champignons) 153
loup de mer au bouillon de champs. aigre doux 132

Lépiste nu (Wood Blewitt) 13
champs. et gingembre frits 39

Monkey head (champignons) 153
endives aux champignons 142

Morilles 10
jeunes légumes verts et morilles au bouillon de romarin 120
tamales aux morilles 66
velouté de fèves et de morilles 80

Mousserons (ou Marasmes d'Oréade) 10
filets de dorée au céleri-rave et mousserons 117

Œufs (plats aux)
bricks aux chanterelles et œufs 146
champs. de Paris aux lanières d'œuf et soya 139
crostini aux chanterelles, œufs et pesto 93
œufs brouillés aux pleurotes et manchego 141
ragoût de champs., œufs et truffes 103
ragoût-surprise aux champs. 65

Plats de légumes et/ou de champignons

boutons de champs. croquants 52

bricks aux chanterelles, pommes de terre et œufs 146

champs. à la mandchourienne 33

champs. à la poêle à la coriandre 149

champs. à la poêle à l'amontillado 124

champs. à la sauce à l'ail 43

champs. à la texane 63

champs. et gingembre frits 39

champs. s. sur rosti au thym 88

cœurs d'artichaut aux portobellos 106

curry malaisien aux champs. 49

endives aux champs. 142

énokis au gingembre, à l'ail et aux piments 26

feuillantines de cèpes 95

galettes de champs. s. 145

légumes verts chinois aux champs. et sauce aux fèves noires 46

légumes verts et nouilles 120

maki-zushi aux champs. 20

moyashi soba 55

nouilles, légumes verts chinois et champs. 45

pleurotes à la sauce aux fèves noires 36

rouleaux de champs. 50

sukha masala aux pleurotes 17

terrine de cèpes aux herbes 110

tom kha hed 56

tamales aux morilles 66

tamales aux champs. s. 129

yasai chilli men 29

Plats de pâtes

lasagnes de langoustines et truffes 84

tagliatelles aux herbes, palourdes et cèpes 91

tagliatelles aux morilles et à la crème 109

Pleurotes 11

curry malaisien aux champs. 49

œufs brouillés aux pleurotes et manchego 141

pleurotes à la sauce aux fèves noires 36

rouleaux de pleurotes et shiitakes 50

selle d'agneau aux trompettes-de-la-mort 119

sukha masala aux pleurotes 17

Poissons et fruits de mer

crépinettes de pétoncles, épinards et cèpes 80

filets de dorée aux champs. 117

lasagnes de langoustines et truffes 84

loup de mer avec bouillon de champs. 133

loup de mer aux champs., fenouil et tomates 136

millefeuilles de saumon et champs. 87

angelot aux palourdes et champs. 69

morue, langoustines, fèves et champs. 79

sashimi de thon et salade de champs. 59

tagliatelles aux palourdes, ail et cèpes 91

tataki de thon aux ciboules et champs. 40

Porcini (voir Cèpes)

Portobellos 12

cuisses de lapin aux olives, thym et portobellos 96

cœurs d'artichaut aux portobellos 106

Poulet (voir Volailles et Gibier)

Salades

sal. d'asperges, énokis et piments 18

sal. de champs. (avec tataki de thon) 40

sal. de champs. crus aux betteraves 130

sal. de champs. et légumes 135

sal. de champs., fenouil et parmesan 105

sal. de shiitakes (avec sashimi de thon) 59

Shiitakes 12

endives sautées aux champs. 142

légumes verts chinois aux shiitakes 46

maki-zushi aux champs. 20

nouilles frites, légumes verts chinois et shiitakes 45

poulet au gingembre et shiitakes 34

rouleaux de pleurotes et shiitakes 50

sashimi de thon et shiitakes 59

Soupe

soupe aux cannellini et cèpes 113

Trompettes-de-la-mort 13

loup de mer aux champs. et légumes 137

angelot aux palourdes et trompettes 69

salade de trompettes et légumes 135

selle d'agneau aux trompettes 119

Truffes 153

lasagnes de langoustines et truffes 84

ragoût de champs., œufs et truffes 103

risotto de foie gras et de truffes 101

Viandes

agneau rôti avec légumes et champs. 75

carpaccio de bœuf, bruschetta et champs. s. 83

côtelettes de veau avec champs. s. 123

lasagnes de langoustines et champs. 84

saucisses de porc et purée de chou-fleur 73

selle d'agneau aux trompettes-de-la-mort 119

steaks d'agneau aux champs. et légumes 126

Volailles et Gibier

cuisses de lapin aux olives, thym et champs. 96

filets de poulet et champs. 25

pigeonneaux aux champs. s. et risotto 70

poulet au gingembre et lemongrass 34

risotto de foie gras et truffes 101

saucisson de foie gras et champs. 99

zasai gohan 23

Wood Blewitt

voir Lépiste nu

remerciements

Les éditeurs veulent remercier tous les chefs qui ont contribué de leur temps et de leurs talents à ce livre, en particulier Daniel del Vecchio et Shaun Gilmore, Chris Benians, Mark Gregory et Cyrus Todiwala. Remerciements spéciaux aussi à Mike Spiller, Lesley Levine, Dorothy Groves, Kerri Pritchard, Tanya Webb, Suzanna Obank, Amanda Leung, Yasemin Olcay et Edouard Hempel de Wild Harvest.

dans la même collection

Mozzarella: des recettes innovatrices à la mozzarella de bufflonne proposées par des chefs réputés, Collectif

Quelles pasta, quelle sauce? Valentina Harris

Le fromage, une passion: plus de 130 façons innovatrices de cuisiner avec le fromage, Paul Gayler

Le grand livre des fleurs comestibles, Jekka McVicar

La cuisine d'Aphrodite, Michel Chevrier

Le grand livre de bébé bouffe, Annabel Karmel